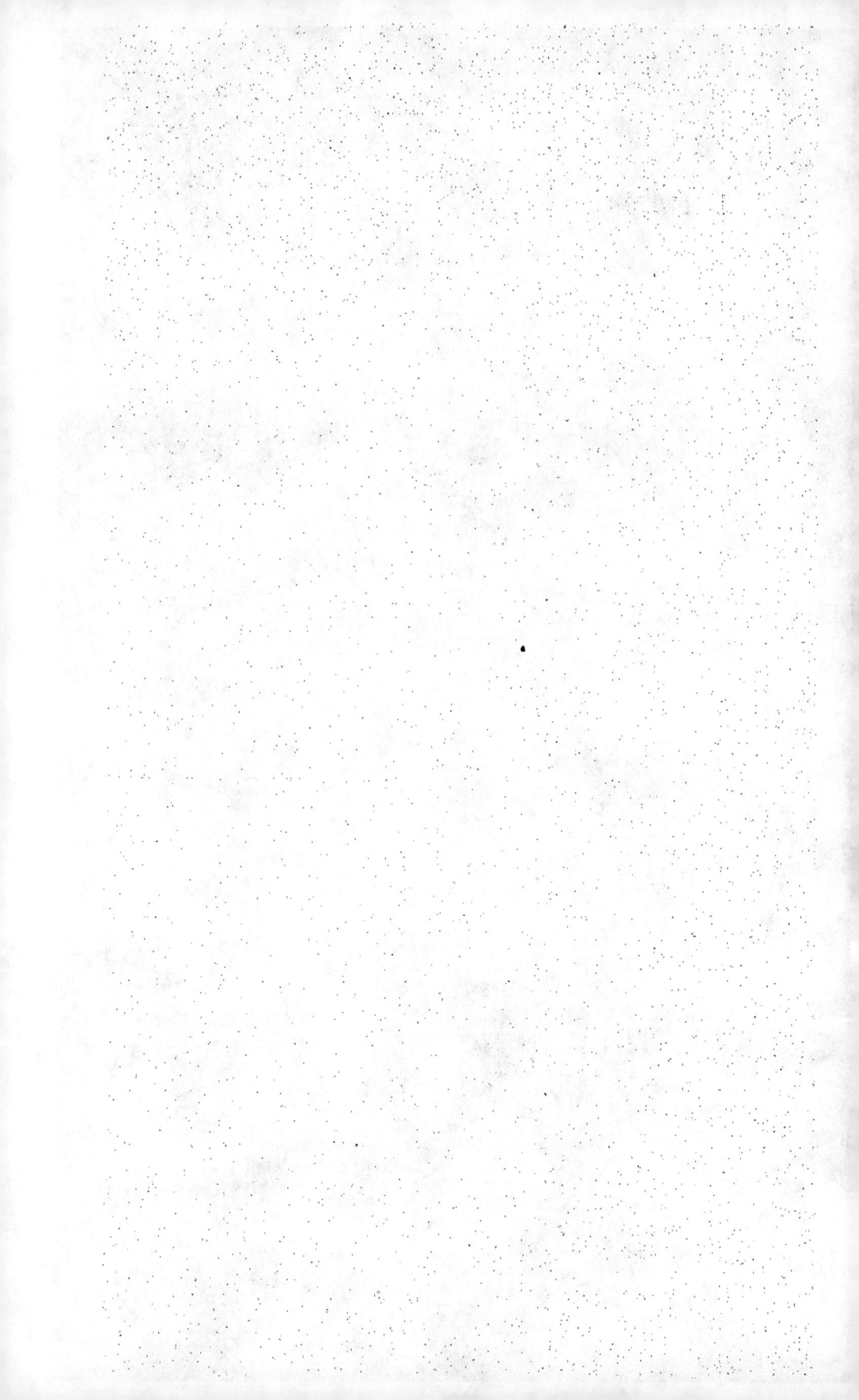

QUESTIONS ALGÉRIENNES

LA PROPRIÉTÉ FONCIÈRE

CHEZ

LES MUSULMANS D'ALGÉRIE

SES LOIS SOUS LA DOMINATION FRANÇAISE
CONSTITUTION DE L'ÉTAT CIVIL MUSULMAN

PAR

Ernest MERCIER

PARIS

ERNEST LEROUX, ÉDITEUR

28, RUE BONAPARTE, 28

—

1891

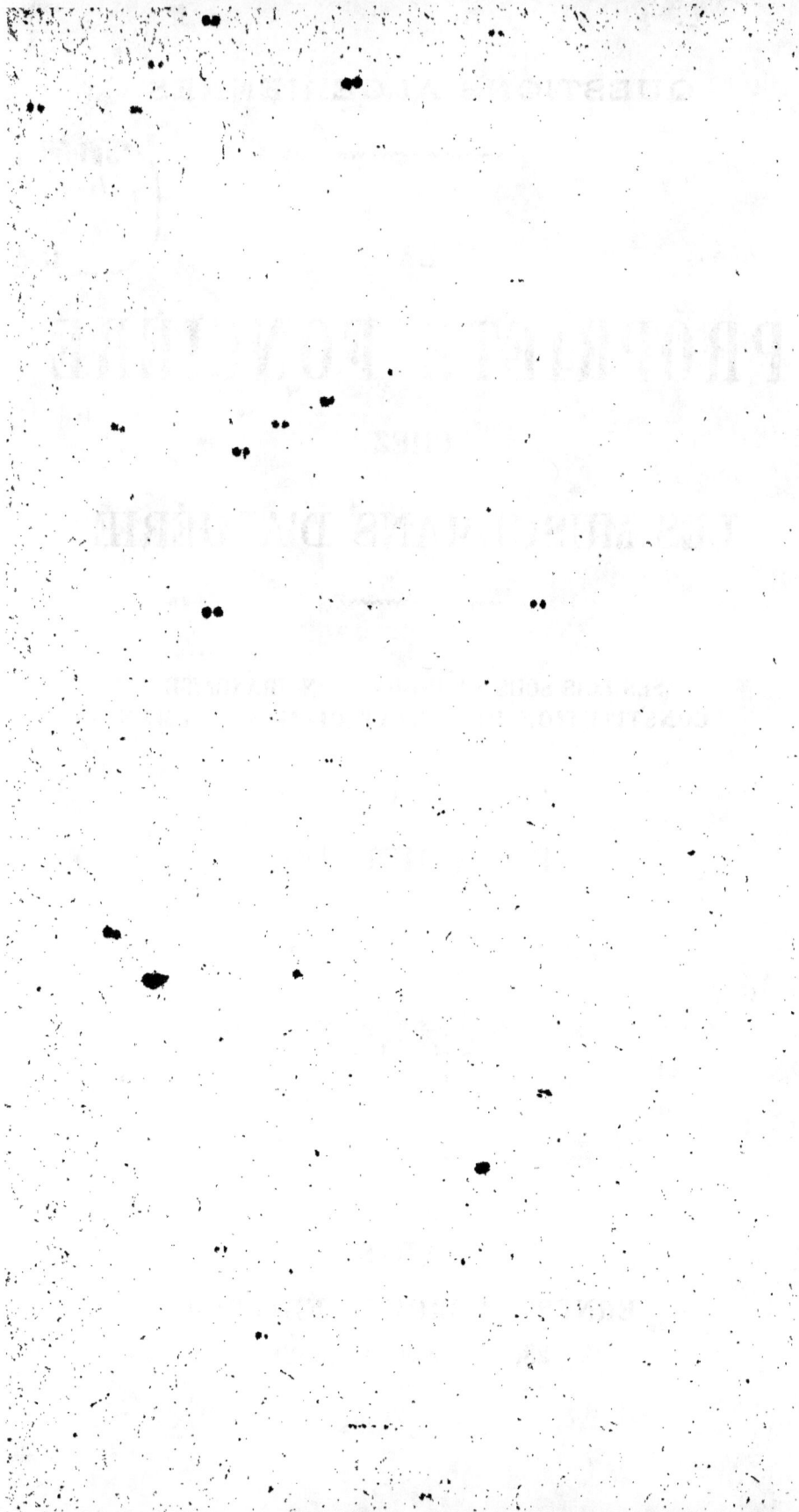

LA

PROPRIÉTÉ FONCIÈRE

CHEZ LES MUSULMANS D'ALGÉRIE

DU MÊME AUTEUR

Histoire de l'Afrique septentrionale, depuis les temps les plus reculés jusqu'à la conquête française; 3 vol. in-8°, avec 3 cartes. Ouvrage couronné par l'Institut.

Histoire de l'Établissement des Arabes dans l'Afrique septentrionale, gr. in-8°, avec 2 cartes.

Le Cinquantenaire de l'Algérie, in-8°.

L'Algérie et les Questions algériennes, in-8°.

Comment l'Afrique septentrionale a été arabisée, in-8°.

La France dans le Sahara et au Soudan, in-8°.

La Bataille de Poitiers et les vraies causes du recul de l'invasion arabe, in-8°.

Constantine avant la conquête française (1837).

Constantine au XVI° siècle, élévation de la famille El-Feggoun.

Notice sur la confrérie des Khouan de Sidi Abd-El-Kader El Djilani.

Les Arabes d'Afrique jugés par les auteurs musulmans.

Examen des causes de la croisade de Saint-Louis contre Tunis.

Épisodes de la conquête de l'Afrique par les Arabes. — Koceïla, La Kahena.

Les Indigènes de l'Algérie, leur situation dans le passé et dans le présent.

Le cinquantenaire de la prise de Constantine (13 octobre 1837), in-8°.

Commune de Constantine, trois années d'administration municipale, in-8°.

QUESTIONS ALGÉRIENNES

LA PROPRIÉTÉ FONCIÈRE

CHEZ

LES MUSULMANS D'ALGÉRIE

SES LOIS SOUS LA DOMINATION FRANÇAISE
CONSTITUTION DE L'ÉTAT CIVIL MUSULMAN

PAR

Ernest MERCIER

PARIS

ERNEST LEROUX, ÉDITEUR

28, RUE BONAPARTE, 28

1891

AVANT-PROPOS

Parmi les questions algériennes, si complexes et si peu connues, — même en Algérie, — celle de la propriété foncière est peut-être la plus embrouillée. Son importance à tous les points de vue est pourtant de premier ordre.

Elle semble, du reste, porter malheur à quiconque s'en occupe, car plus on va, moins elle s'éclaircit.

Or, je suis persuadé depuis longtemps que ces difficultés contre lesquelles on se débat en vain, ces résultats négatifs après tant d'efforts ont pour cause les erreurs historiques sur lesquels tous les systèmes ont été bâtis : en partant d'inexactitudes aussi graves, comment arriver à un résultat logique?

Et puisque l'étude des questions algériennes paraît enfin avoir pris le rang qu'elle doit occuper dans les préoccupations des hommes d'État et des économistes, il m'a semblé que le moment était venu de présenter un résumé historique des conditions de la propriété foncière chez les musulmans d'Algérie pour rétablir l'exactitude des faits et essayer de dissiper les erreurs et les préjugés sur lesquels on vit depuis cinquante ans.

Le terrain ainsi déblayé et les assises bien posées, il fallait conclure; j'ai donc, en me servant de ma longue expérience personnelle des hommes et des choses du pays, indiqué en quelques traits la solution qui me semble la

plus pratique, mais sans y attacher plus d'importance
que n'en mérite une opinion. Mon but principal, je le
répète, a été de rétablir les faits dans leur exactitude,
persuadé que le jour où l'on saura se dégager des idées
préconçues et des traditions erronées, la question ne tar-
dera pas à être résolue selon la logique et le bon sens.

J'ai été naturellement amené à parler de la loi sur la
constitution de l'état civil musulman, qui se lie aux der-
niers efforts de l'administration pour l'établissement de la
propriété indigène; ancien membre de la commission
centrale et appelé par mes fonctions à juger chaque jour
des effets de cette loi, j'ai bien le droit de l'apprécier au
double point de vue théorique et pratique, ainsi que je
l'ai déjà fait au moment de son élaboration [1], et de la cri-
tiquer, même sévèrement.

Dans ce petit travail, comme dans tout ce que j'ai écrit
sur l'Algérie, je n'ai eu en vue que le bien de mon pays
d'adoption, et je me suis efforcé de ne pas me départir
de l'impartialité et de l'indépendance sans lesquelles on
serait indigne de traiter des questions de ce genre.

1. Dans « l'Algérie et les questions Algériennes » (1883).

Ernest MERCIER.

Constantine, le 25 août 1891.

LA PROPRIÉTÉ FONCIÈRE

CHEZ LES MUSULMANS D'ALGÉRIE

« Tout possesseur d'un immeuble est libre d'en disposer à son gré. »

(Parole de Mahomet dans les Hadits.)

I

LA PROPRIÉTÉ AU POINT DE VUE LÉGAL

Chacun sait que les principes de la loi islamique découlent du Koran : là se trouve la base de toutes les règles religieuses et civiles de la vie du musulman, confondues dans les paroles de Mahomet. Les Hadits (ou traditions orales sur le Prophète) fournissent quelques éclaircissements sur les points obscurs, et c'est en remontant à cette origine, que les docteurs et les légistes ont fondé la législation musulmane, le *corpus juris*, selon les quatre écoles principales (les quatre rites orthodoxes), ou ce qui en tient lieu.

Or, dans le Koran, Mahomet a été très sobre d'explications directes au sujet de la propriété privée, après avoir posé ce principe : « *Tout ce qui est dans les cieux et sur la terre n'est-* « *il pas à Dieu ?* » (Sourate X. v. 56, 67.)

Plusieurs, ne comprenant pas que ce silence démontrait combien, déjà, les droits des propriétaires étaient établis, se sont fondés sur les termes du verset ci-dessus reproduit pour poser en principe que l'islam n'avait pas reconnu la propriété privée foncière, tout appartenant à Dieu et à son représentant sur terre, l'imam, chef religieux et politique des Croyants, et que les individus n'avaient que la jouissance des biens possédés par eux.

Cette opinion, qui a fait, naguère, l'objet de discussions passionnées, est détruite par le texte même du Koran, notamment en ce qui a trait aux dispositions pour les héritages, les partages, la sauvegarde des droits de chacun, et à la réprobation contre le vol, l'usurpation et la spoliation.

Du reste, on trouve, dans les Hadits, plusieurs passages qui ne laissent aucun doute à ce sujet, notamment le suivant : « *Tout détenteur d'un bien meuble est maître d'en disposer à* « *son gré; tout possesseur d'un immeuble est maître d'en dispo-* « *ser à son gré.* »

C'est encore dans les Hadits qu'il faut rechercher l'origine du hobous, ou immobilisation dans un but pieux, mais dont l'effet ne se produit qu'après extinction des dévolutions prévues. Selon Sidi El-Bokhari, Mahomet aurait conseillé à Omar-ben El Khattab, qui le consultait, de hobouser une terre sise à Kheïbar, dont il était devenu propriétaire.

Laissant de côté la condition des Arabes à l'époque anté-islamique, il est certain que le principe de la propriété immobilière chez les musulmans a, dès les premiers temps de l'Islamisme, été réglé, et qu'il peut être caractérisé comme suit :

1° La possession sans trouble pendant une période déterminée (dix ans en général) ;

2° La transmission héréditaire ;

3° L'acquisition à titre onéreux ou gracieux [1] ;

A quoi vint s'ajouter :

4° La mise en culture des terres mortes, c'est-à-dire improductives et n'appartenant à personne [2] ;

5° Et l'acquisition en vertu du contrat dit de plantation

---

1. Sidi-Khelil (traduction Seignette) p. 506 et s. — 517 et s. nos 1664-1665, 1666 et suiv. 1698 et s. 1701. (Nous nous dispensons de citer d'autres auteurs.)
2. *Ibidem,* p. 380 et s. — nos 1204 et suiv.

(Mour'arça), conférant au planteur la propriété de la moitié du terrain à lui abandonné pour le complanter d'arbres, après réussite de la plantation.

Tels sont les principes légaux s'appliquant à la propriété chez les musulmans.

Par un esprit de tolérance qui surprendra peut-être, le droit plein et entier de propriété était garanti aux non-musulmans établis sur la terre islamique. La seule différence consistait dans les charges imposées aux « infidèles » appelés pour cela « *gens de la redevance* », charges qui étaient du cinquième du produit, au lieu de la dîme.

Quant au domaine public, il se composait :

1° Des propriétés traditionnelles du prince ;

2° Des héritages revenant à l'État en cas d'absence, d'héritiers Aceb, ou de délaissement ;

3° Du cinquième des conquêtes opérées par les musulmans, avec les réserves indiquées plus loin, en vertu de la stipulation koranique dont nous allons parler ;

4° Et des domaines des dynasties renversées.

L'État avait le droit de « concéder en toute propriété à des « particuliers les terres *n'appartenant à personne* » [1].

II

RÉGIME DE LA PROPRIÉTÉ DANS LES PAYS CONQUIS

Le fondateur de l'Islamisme qui, peut-être, avait prévu les vertigineux succès des sectateurs de la religion militante par lui créée, régla comme suit le partage des prises :

« *Sachez*, dit-il (Sour. VIII. v. 42) *que, lorsque vous aurez* « *fait un butin, la cinquième part en revient à Dieu, au Pro-* « *phète, à sa famille, aux orphelins, aux pauvres et aux voya-* « *geurs.* »

1. Sidi Khelil p. 383, n° 1211.

Il est possible que Mahomet n'ait voulu désigner ici que le butin proprement dit, puisque lui-même, après la prise de Kheïbar, laissa aux juifs de cette localité la propriété de leurs terres cultivables, de leurs jardins et de leurs palmiers, à charge par eux de payer une taxe foncière *(Kharadj)* [1]. Ce principe est, du reste, posé par les versets 4 à 9 de la LIX° sourate du Koran.

Cependant les premiers conquérants arabes appliquèrent cet article dans un sens extensif à tout ce qui était pris *les armes à la main* : le cinquième était prélevé pour le prince, représentant l'État, et le reste partagé entre les guerriers.

Ainsi, dès le premier siècle de l'hégire (qui a duré de 622 à 719 de l'ère chrétienne), la règle suivante fut parfaitement posée et appliquée à l'égard des conquêtes :

1° Tout pays conquis les armes à la main cesse d'appartenir aux vaincus, s'ils ne se sont pas soumis, et devient butin de guerre ; il est partagé selon les règles fixées par Mahomet : un cinquième est incorporé au domaine de l'Islam et les quatre autres cinquièmes sont partagés entre les guerriers. (En général, les vaincus y étaient replacés comme colons partiaires ou tenanciers;)

2° Mais, lorsque le pays passe sous la domination de l'Islam par capitulation, chaque propriétaire, même non musulman, conserve ses biens, à charge de servir un impôt foncier *(Kharadj)*, la double dîme, et souvent une capitation *(Djazia, Dzimma)* ;

3° Enfin, les indigènes, ainsi devenus sujets de l'Islam, acquièrent tous les droits des musulmans en adoptant l'Islamisme, et il n'est pas permis de les traiter autrement que les Arabes d'Arabie.

Les conquérants arabes appliquèrent ces principes en Afrique, en Espagne, en Sicile, en Perse et jusque dans l'Inde. Quant au domaine public des royautés renversées, il fut adjoint de droit à celui de l'Islam, de même que les biens des particuliers disparus ou en fuite.

---

1. Aboul Feda, *Vie de Mohammed (pass.).*

Le partage des terres conquises entre les soldats vainqueurs avait cet avantage d'en retenir et d'en fixer un certain nombre dans le pays conquis où on les organisait en milice *(Djound)*, en les exemptant de l'impôt *(dîme)*. Mais on comprend que les régions ainsi occupées étaient relativement restreintes, et que, fussent-elles considérables, elles ne pouvaient être suffisamment peuplées par la poignée de soldats restés dans la province. Ceux-ci s'empressaient, du reste, d'y rappeler les anciens possesseurs, car ils ne pouvaient par eux-mêmes exploiter leurs terres, et de conclure avec eux des contrats d'association ou de louage.

Mais toutes les régions où l'on ne s'était pas battu et celles dont les habitants se rendaient en signant des traités, restaient en l'état et, la première effervescence passée, il n'y avait pas grand chose de changé chez elles [1].

En Afrique, les Berbères, après cinquante années de luttes, c'est-à-dire de révoltes alternant avec les soumissions, étaient devenus musulmans; dès lors, la situation du pays fut, au point de vue du droit de propriété, celle de tous les pays islamiques.

En Espagne, de belles régions de l'Andalousie furent partagées entre les soldats de Mouça; d'autres points devinrent également la propriété des musulmans; mais, en général, les chrétiens obtinrent des traités fort avantageux. Lors de la capitulation de Mérida, malgré le mémorable siège soutenu par cette ville, les habitants, ayant capitulé, conservèrent la propriété de leurs maisons.

« *Dans la province dont Théodemir était gouverneur*, — dit
« *M. Dozy* [2], — *et qui comprenait entre autres villes Lorca,*
« *Mula, Orihuela et Alicante, les chrétiens ne cédèrent abso-*
« *lument rien. Ils s'engagèrent seulement à payer un tribut,*
« *partie en argent, partie en nature. En général, on peut dire*
« *que les chrétiens conservèrent la plupart de leurs biens.*
« *Ils obtinrent, en outre, le droit de les aliéner, droit qu'ils*
« *n'avaient pas eu du temps des Wisigoths.* »

1. V. Tabari, Ibn Abd-el-Hakem, En Noueïri, le Baïan, Ibn Khaldoun, Ibn Haïan, El Makkri, etc.....
2. *Histoire des musulmans d'Espagne*, t. II, p. 40 et s.

Lorsque la période des grandes conquêtes fut passée, les légistes musulmans étudièrent la question, et, tout en ratifiant ces principes généraux, cherchèrent, sans succès, à augmenter les droits de l'État.

L'école chaféite assimila au butin les terres conquises par les armes et reconnut le droit des indigènes qui se rendaient par traité, de conserver leurs biens. El Maouerdi, savant docteur de cette école, au x° siècle de notre ère, a, dans son livre, *El Ahkam Es Soultania*, développé magistralement ces principes, et son opinion n'a cessé de faire loi chez les musulmans, jusqu'à nos jours.

Les doctrines de l'école de Malek, qui n'ont commencé à pénétrer en Afrique que vers le ix° siècle, proclamaient que le pays conquis appartenait pour toujours à l'État musulman. Mais ce principe rigoureux n'avait pas été appliqué lors des conquêtes, et resta lettre morte. Sidi Khelil, lui-même, bien qu'appartenant à cette école, proclame, au xiv° siècle, que l'État ne peut concéder en toute propriété que les terres qui n'appartiennent à personne et *qu'il ne peut donner définitivement les terres habitées et cultivées des pays annexés* [1].

Quant à Abou Hanifa, il admet concurremment le partage entre les guerriers des terres conquises sur les infidèles, après prélèvement de la part de l'État et l'abandon desdites terres aux vaincus, en leur imposant l'obligation de payer le *Kharadj*.

III

LA PROPRIÉTÉ TERRITORIALE DANS L'AFRIQUE SEPTENTRIONALE SOUS L'AUTORITÉ ARABE ET BERBÈRE.

Vers la fin du vii° siècle, la conquête de l'Afrique septentrionale se trouva à peu près terminée, et, ainsi que nous l'avons dit, presque tous les Berbères, devenus musulmans, profitèrent des avantages accordés aux sectateurs de l'Islam.

1. P. 383, n° 1211.

Ceux qui n'étaient pas encore convertis, de même que les chrétiens et les juifs restés dans le pays, furent soumis au *Kharadj*, c'est-à-dire qu'ils conservèrent leurs propriétés, à charge de servir l'impôt foncier des infidèles, la double dîme [1].

Du reste, l'occupation arabe se borna à l'établissement militaire et administratif de Kaïrouane et de points stratégiques sur les principales voies. Nulle part nous n'avons trouvé la mention d'un partage des terres entre les vainqueurs. Il est indubitable que les indigènes, qui n'avaient pas pris une part directe aux guerres, ne furent pas même dérangés, et que les tribus détruites ou forcées d'émigrer, comme celle des Aoureba de l'Aourès, furent simplement remplacées par leurs voisins venus du sud. Du reste, l'attention des Arabes, soutenus par les Berbères convertis, ne tarda pas à se porter sur l'Espagne (710).

Mais bientôt, les Berbères du Mag'reb extrême (Maroc), irrités de ce que leur gouverneur arabe voulait exiger d'eux, musulmans, la double dîme, comme s'ils avaient été infidèles, se révoltèrent en se lançant dans le schisme kharedjite, et chassèrent tous les Arabes, depuis l'Océan jusqu'à Kaïrouan. La révolte kharedjite se prolongea avec des fortunes diverses pendant deux siècles avant d'être domptée, et fit couler des torrents de sang; mais elle eut pour effet de restreindre l'autorité arabe à la partie orientale de l'Afrique et de favoriser la création de dynasties en Mag'reb et du royaume oméïade d'Espagne, tous indépendants du khalifat.

Les Berbères reprirent ainsi possession d'eux mêmes et, au commencement du XIᵉ siècle, ils étaient absolument débarrassés des Arabes. De puissantes dynasties, formées dans leur sein, les Almoravides (Berbères du Sahara), puis les Almohades (Berbères du Maroc), étendirent leur autorité sur toute l'Afrique et régnèrent conformément aux principes de la loi et des traditions musulmanes. Elles furent remplacées par d'autres royautés berbères qui conservèrent l'autorité jusqu'à la conquête turque (XVIᵉ siècle).

1. Ibn Khaldoun, *Hist. des Berbères*, t. I, p. 213. Voir aussi : En Nouéïri Ibn Abd.-el Hakem, le Bafan, *pass.*

C'est dans le cours de cette période, en 1049, que se produisit l'immigration hilalienne qui introduisit l'élément arabe dans la population autochtone. Nous avons retracé ailleurs de quelle façon elle se massa, d'abord, en ligne sur les Hauts-Plateaux, puis, profitant de toutes les circonstances, s'insinua peu à peu, par une action ininterrompue qui dura cinq siècles, au milieu de la masse du peuple berbère et s'y fondit en l'arabisant [1].

Durant tout le cycle que nous venons de parcourir, il ne se produisit pas de modifications dans le régime de la propriété territoriale en Afrique. La logique même des faits l'établit et nous en avons différentes preuves matérielles : En 801, Ibrahim ben El Ar'leb, représentant des kalifes, à Kairouane, voulant construire la citadelle d'El Abbassia, à quelques kilomètres de la capitale arabe, *achète* le terrain nécessaire aux Beni-Tabout. Quelques années plus tard, nous voyons un autre Ar'lebite, Abd-Allah, faire cadastrer toutes les terres de la Tunisie pour percevoir la dîme sur la superficie des terres cultivables et non sur les produits [2].

Au XIIe siècle, Abd El Moumene, fondateur de la dynastie almohade, qui étendit son autorité sur toute l'Afrique septentrionale et porta à son apogée la puissance de la race berbère, prescrivit le cadastre de l'Afrique : « Il avait, dit El « Kairouani [3], fait arpenter tout le sol de l'Afrique, de « Barka au Sous. On mesura à la paransage, puis on di- « visa en milles carrés, et, du résultat obtenu, on retrancha « un tiers pour les montagnes, rivières etc… chaque tribu « fut alors taxée sur ces bases, d'après le terrain occupé par « elle et dut payer son impôt (la dîme) en argent. »

Voilà qui est décisif et dispense d'autres preuves.

---

1. *Histoire de l'Afrique septentrionale*, t. II, *pass.*
2. En Nouéïri, *(apud* Ibn Khaldoun t. I), p. 402. Balan, *pass.*
3. *Histoire de l'Ifrikia*, p. 196.

IV

DOMINATION TURQUE

Au moment où les Turcs furent appelés en Afrique par l'initiative d'un corsaire de génie (Khéir-Ed-Dine, 2ᵉ Barberousse), l'Afrique septentrionale était tombée dans l'anarchie la plus complète; les vieilles dynasties berbères, qui la gouvernaient depuis des siècles, étaient épuisées, déconsidérées, sans force; les tribus berbères s'étaient entredévorées dans des luttes acharnées; les Arabes-hilaliens avaient apporté, en se mélangeant à la race autochtone, un nouvel élément de désorganisation et de dénationalisation; enfin, les Espagnols occupaient les principaux ports et avaient pour tributaires ou alliés des souverains indigènes.

Ces conditions locales, jointes au dégoût invincible de Philippe II pour les conquêtes d'Afrique, assurèrent le succès des Osmanlis. On vit alors une poignée de janissaires turcs imposer leur autorité à une population qui ne devait pas être inférieure en nombre à celle de maintenant, soit 5 à 6 millions d'âmes pour l'Algérie et la Tunisie réunies (sans parler de la Tripolitaine), occuper les points administratifs et stratégiques du pays et faire cesser l'anarchie.

N'ayant conservé qu'une vassalité nominale à l'égard de la Porte, cette république de soldats, pour la plupart grossiers et ignorants, sut se faire obéir, pendant près de trois siècles, par les populations diverses de ce pays et braver les attaques des puissances chrétiennes dont ses corsaires menaçaient les rivages et ruinaient le commerce!

C'est que les Turcs surent habilement employer l'élément indigène : bien que respectant la possession paisible des populations qui ne les gênaient pas, ils n'hésitèrent jamais à les chasser de leurs propriétés, lorsqu'ils en eurent besoin pour établir, à proximité de leur ports et sur les routes qui les reliaient ensemble, ces tribus, formées souvent d'éléments divers, auxquelles ils imposèrent le service militaire et celui de garde et de vigie, en échange de terres qu'ils leur donnaient.

Ainsi, le droit de propriété ne compta pour rien chez eux. Ils placèrent à la tête de ces tribus dévouées, dites du *makhezen* (de l'État), des chefs entièrement formés à leur école et n'hésitèrent pas à les sacrifier et à les remplacer par d'autres sur un simple soupçon, ou dans le but de prendre leurs richesses. Il se forma alors une véritable féodalité de chefs indigènes locaux, que les Turcs surent opposer les uns aux autres, et dont ils tirèrent parti, malgré les difficultés qu'ils leur suscitèrent parfois. Grâce à ces moyens et avec l'appui des marabouts qu'ils comblèrent de faveurs, ils restèrent bien les maîtres du pays.

Durant cette dernière période le droit fut relégué au second plan; mais il faut rendre cette justice aux Turcs que leur bon plaisir fut presque toujours justifié par la nécessité; c'est-à-dire qu'ils s'appliquèrent à ne pas faire d'arbitraire sans utilité.

Malheureusement, les indigènes qui vivaient auprès d'eux tout ce qui se rattachait au makhezen, ne firent pas cette distinction; ils s'habituèrent à ne voir régner que le bon plaisir et à proclamer, en toute occasion, le droit supérieur du beylik. L'autorité judiciaire légale se trouva reléguée au second plan et ses sentences raisonnées furent remplacées par les décisions arbitraires des caïds et des aghas représentant le beylik. Or, c'est ce personnel qui s'est trouvé, tout d'abord, en relations avec nos officiers, lors de la conquête, et qui ne tarda pas à devenir son auxiliaire. Quant au vrai peuple, à la masse de la nation, on ne le vit pas et on ne recueillit de renseignements que de la bouche des gens du makhezen.

V

ÉTAT DU PAYS EN 1830

Pour apprécier la situation du pays en 1830 au point de vue de la propriété, il convient d'abord de faire des classifications, car les choses sont très variées et très variables en Algérie, selon les localités ; et c'est un travers de notre caractère national de vouloir toujours ramener les faits à un seul type et de renfermer dans une formule la solution de questions complexes :

1° Dans les villes et leurs environs la propriété privée avec toutes ses prérogatives et tous ses caractères, existe de temps immémorial et se trouve constatée par des titres de toutes les époques. Les magistrats musulmans tranchent les questions qui s'y rapportent selon les règles de la législation islamique, enrichie par les innombrables travaux des commentateurs ;

2° Dans toutes les régions occupées par des populations restées berbères, cantonnées en général dans les parties montagneuses, et ayant conservé l'usage des dialectes indigènes, la propriété est également fort bien établie ; mais souvent les actes manquent ; elle s'y est transmise de père en fils et a gardé le caractère familial, parce que les Berbères ont toujours tendu, en dépit des efforts des légistes musulmans et des prescriptions du Koran, à écarter les femmes de l'hérédité. Chaque lot y est parfaitement défini et souvent entouré d'une véritable clôture ;

3° Dans les régions moyennes du Tell algérien, pays où les vallées et les collines se succèdent sans interruption, sont établies des populations arabisées. Les tribus makhezen sont d'origine plus récente ; les autres y habitent depuis des siècles. Dans les points de contact avec les groupes berbères leurs usages se rapprochent de ceux de leurs voisins ; mais, à mesure qu'on atteint les plaines, l'influence arabe, modifiée par le cachet de l'administration turque, s'accentue. Cependant nous ne trouvons nulle part de nomades, ni de semi-nomades; le domaine de chaque groupe est fixe et les limites assez précises, bien que donnant lieu, trop souvent, à des contestations inévitables entre voisins.

Ces populations, les premières en contact avec nous par suite de leur habitat dans le pays ouvert, ont été reconstituées, à une époque relativement récente, en tribus qui ont aggloméré des éléments souvent très divers, séparés les uns des autres par des distances plus ou moins grandes, et ont été placées sous l'autorité d'un chef administratif : le caïd. Mais nous avons, bien à tort, attribué à ces « tribus » une unité, une cohésion qu'elles n'avaient pas. Souvent, les fractions les composant avaient des mœurs, des usages différents, quelquefois même étaient divisées par des rivalités ou des haines séculaires. La facilité avec laquelle elles ont cessé d'exister, par suite de l'établissement des communes mixtes et de leur sectionnement en douars, prouve combien le groupement de ces unités était factice.

Contrairement à l'opinion qui a prévalu, nous affirmons que, dans ces « tribus », la propriété individuelle, ou familiale, existait, se transmettant par héritage et pouvant faire l'objet d'antichrèses et même d'aliénations. Les actes et jugements des cadis de ces régions le prouvent, et l'on n'a pour s'en convaincre qu'à consulter leurs registres anciens. Les *resm* (bourrelets formés entre chaque parcelle par une ligne non labourée) délimitent clairement la *Djorra* (terrain de culture) de chacun. Les commissaires à la constitution de la propriété les ont retrouvés et s'en sont servis pour leurs délimitations sous la formule banale et monotone : « *Ados commun au numéro... tant.* »

4° Dans les Hauts-Plateaux et le Sahara, se trouvent des tribus arabes ou ayant pris les mœurs de celles-ci, ne faisant de cultures de céréales que là où le terrain qu'elles habitent s'y prête, se livrant principalement à l'élève des bestiaux, avec la station d'hiver dans le sud et celle d'été dans le Tell, en traitant avec les tribus de ces régions, ou en s'établissant sur un point quelconque par la force.

Ces tribus sont donc semi-nomades, et, cependant, elles possèdent un territoire à elles, bien qu'assez mal délimité. Elles ont beaucoup plus de cohésion, en tant que tribus, que les précédentes, et obéissent, selon la tradition arabe, à des cheïkhs.

Là, on peut dire que la propriété fixe est peu répandue et que la jouissance des terres, ou plutôt des parcours, y est collective. Cependant, dans les montagnes, dans les oasis, etc., on retrouve des groupes d'origine berbère, ayant des mœurs toutes différentes, et possédant la propriété individuelle ou familiale de leurs terres;

5° Enfin, dans les azels ou terres domaniales, fort importantes comme nombre et étendue, surtout dans la province de Constantine, se trouvaient établis des tenanciers payant un *hokor* ou fermage, cultivant de père en fils les mêmes terrains, mais soumis à la direction du caïd des Azels, qui pouvait dans son omnipotence les en exclure, y admettre des protégés et attribuer, à qui bon lui semblait, la *Djorra*, dont le titulaire disparaissait ou devenait incapable de la cultiver.

Telle était, en résumé, la situation de la propriété foncière en Algérie, lors de la conquête française. Comme on le voit, les tribus des Hauts-Plateaux, sur la limite du Sahara, seules, vivaient en quelque sorte de l'existence communiste de l'Arabe, ne possédant pas de terres en propre, mais, sans être nomades, à proprement parler; or, ces tribus représentent, en Algérie, une minorité presque infime.

VI

LA PROPRIÉTÉ INDIGÈNE SOUS L'ADMINISTRATION FRANÇAISE

Sans parler de quelques dispositions prises dès le début de la conquête, le premier acte légal, sérieux, relatif à la propriété, fut l'ordonnance royale du 21 octobre 1844, réglant la constitution de la propriété, les transactions s'y rapportant, les expropriations et le régime des « terres incultes » et des marais. Cette réglementation importante fut suivie de l'ordonnance du 21 juillet-8 août 1846, sur la délimitation des propriétés et la vérification des titres. Son but principal était de régler les transactions immobilières entre Européens et indigènes, de leur donner les caractères voulus d'authenticité et de publicité, de déterminer les localités où ces transactions seraient permises, et, enfin, de sauvegarder les droits de l'État. Diverses autres dispositions administratives vinrent compléter les précédentes. Elles tendent, en général, à préserver les acquéreurs européens des tromperies auxquelles les indigènes les exposaient; mais les droits de ceux-ci comme propriétaires ne sont pas même contestés; on les oblige seulement à faire vérifier leurs titres par un bureau créé à cet effet.

Cependant l'administration supérieure cherchait à se procurer des terres tout en réglant la situation des indigènes, et cette préoccupation se montre dans les dispositions des arrêtés précédents relatifs aux *terres incultes*. Les anciens fonctionnaires du makhzen affirmaient, sans aucun doute, que les indigènes n'avaient nul droit de propriété et que les Turcs disposaient à leur guise des terrains occupés par les tribus, déplaçant les unes et en installant d'autres sur leur territoire, sans autre règle que leur bon plaisir.

Mais on aurait voulu s'appuyer, pour justifier cette manière de voir, sur des dispositions, des textes de la législation musulmane. En 1849, il se trouva enfin un jurisconsulte indigène de la province d'Oran qui, à la demande de M. le général Charon, gouverneur général, rédigea complaisamment une *fetoua*, ou consultation légale, posant les bases suivantes :

1° L'Algérie ayant été conquise par les armes est demeurée la propriété incommutable de l'État musulman [1], et, par conséquent, les tribus qui y sont établies n'y possèdent qu'un droit précaire d'usufruit..... Lorsque le détenteur vient à mourir, l'usufruit passe, avec l'autorisation de l'*Imam* (souverain), à son héritier ou à tout autre; mais la vente et le partage de ces terres leur sont interdits;

2° Du reste, par le fait de la conquête, les terres sont deve-

1. Nous avons vu que, même dans le cas de conquête par les armes, le droit de l'État ne serait que d'un cinquième.

nues, *ipso facto*, hobousées au profit du peuple musulman, et, par conséquent, inaliénables.

Cette étrange opinion n'est étayée que sur le passage suivant de l'ouvrage appelé *El Mougharça*, lequel, par parenthèse, ne traite que de la question accessoire du contrat dit de plantation : « *L'Imam transporte la terre provenant de* « *conquête en l'ôtant à celui-ci et la donnant à celui-là; en* « *Afrique, le Mag'reb central se trouve dans ce cas, ainsi que* « *le Zab et le Sous.* »; et, enfin, sur cet aphorisme attribué à Ibn-Abd-Es-Selam : « *Quiconque a mangé du produit de la* « *terre du Mag'reb, sans avoir acquitté le droit qui est dû au* « *prince, a mangé une chose défendue.* » Voilà un faible bagage et de pitoyables considérants pour réduire à néant la jurisprudence fondée sur les travaux dix fois séculaires des légistes musulmans. Une circulaire du général Charon, du 15-22 juin 1849, donna, tout au long, cette consultation à l'appui d'instructions sur la marche à suivre à l'égard des terres.

Vers cette époque, on obtenait aussi d'un moufti d'Alexandrie, une consultation ayant pour but de reconnaître licite la vente des biens hobous ; en voici la conclusion : « Le consti-« tuant faisait un legs à Dieu en pensant au séjour de ses « enfants sur la terre islamique; *le pays étant conquis, le* « *règne de l'islamisme est passé et le but du donateur n'est* « *point atteint. Il s'ensuit que la disposition devient cadu-* « *que* [1]. »

Aucune décision judiciaire ou administrative ne vint sanctionner cette dernière fetoua, et les hobous continuèrent à être maintenus et exécutés entre musulmans jusqu'à ce jour, tandis qu'il n'en était pas tenu compte à l'égard des Européens traitant avec eux.

Mais la consultation du jurisconsulte d'Oran eut une fortune aussi complète que peu méritée, car la théorie qu'elle avait posée fut admise comme règle légale par l'administration algérienne et servit de base à toutes les décisions ultérieures sur la matière. De plus, c'est en s'appuyant sur elle,

1. Gillote, *Traité de droit musulman*, p. 60.

que des inventeurs restés inconnus firent la découverte carac-
térisée par l'expression « *propriété arch* ». Or, dans ces sortes
d'affaires, trouver une expression nouvelle que personne ne
peut comprendre, est une véritable chance.

Cependant, le 16 juin-15 juillet 1851, fut promulguée, sous
la rubrique : « *Nouvelle constitution de la propriété* », une loi
dont les dispositions, généralement conformes au droit et à
la logique, ne tiennent, pour ainsi dire, aucun compte des
faits si laborieusement acquis par l'administration, lesquels
sans doute, n'avaient pas eu le temps d'arriver à Paris.

Cette loi contient un article 2 ainsi conçu : « *Sont recon-*
« *nus tels qu'ils existaient au moment de la conquête, ou tels*
« *qu'ils ont été réglés ou constitués postérieurement, les droits*
« *de propriété et les droits de jouissance appartenant aux*
« *particuliers, aux tribus et aux fractions de tribus.* »

Ainsi, sans vouloir engager la question à fond ni suivre
la voie tracée par la fetoua du légiste oranais, la France
constate la validité des droits de chacun, tels qu'ils existaient
au moment de la conquête. En réalité, elle reconnaît aux
indigènes la propriété de leurs terres.

L'article 14, cependant, semble faire une concession à de
nouvelles idées, car, après avoir énoncé que « *chacun a le*
« *droit de jouir et de disposer de sa propriété* » sans restriction,
il ajoute : « *Néanmoins, aucun droit de propriété et de jouis-*
« *sance, portant sur le sol du territoire d'une tribu, ne pourra*
« *être aliéné au profit de personnes étrangères à la tribu.* »

Curieuse disposition, en vérité, qui reconnaît le droit indi-
viduel des membres de la tribu comme propriétaires, mais
leur interdit d'en disposer au profit de personnes étrangères
à la tribu !

Cependant, le général Randon, ayant été appelé au gouvernement de l'Algérie, s'appliqua à l'étude des questions de
colonisation et de régime des terres, et, après divers tâtonnements, se prononça pour la mesure du cantonnement des
tribus indigènes, qui devait avoir le triple effet : de faire ren-
trer en la possession du domaine les terres lui appartenant ;
de fixer les « Arabes » dans des périmètres déterminés et
suffisant strictement à leurs besoins, tout en les maintenant ;

selon les lieux, sous le régime de la « *propriété collective de
la tribu* » ; et enfin, de se procurer des terres pour la colonisation. (Voir circulaire du 20 mai 1858.)

Il va sans dire que ces dispositions ne s'appliquaient qu'aux
indigènes des plaines et non aux populations de race berbère.

Au milieu de ces contradictions, la jurisprudence de la
cour d'Alger avait toujours reconnu comme licite le droit
des indigènes à disposer de leurs biens dans la plus large
mesure, lorsque leurs droits n'étaient pas contestés.

Le cantonnement, qui était une véritable loi agraire, puisqu'il donnait aux uns ce qu'il prenait aux autres, sans s'inquié-
ter des droits antérieurs, fut commencé sur différents points
et appliqué, d'une manière libérale pour les indigènes, chez
lesquels on opéra sans difficultés. M. le comte de Chasse-
loup-Laubat, devenu ministre de l'Algérie, prescrivit des
mesures complémentaires pour pousser l'opération, par sa
circulaire en date du 15 octobre 1859. Mais ce ministère ne
dura pas longtemps et les idées prirent un tout autre cours.

Le gouvernement général militaire ayant été rétabli, un
de ses premiers soins fut de former une commission chargée
d'étudier la question du cantonnement et de réglementer son
application ; car, il faut le reconnaître, les résultats obtenus
n'étaient guère en rapport avec les dépenses et les efforts faits.
Le travail qu'elle produisit rencontra à Paris une vive opposition de la part de personnes haut placées qui préparaient,
depuis longtemps, une modification complète au régime
des terres ; et, au lieu de l'approbation attendue en Algérie,
éclata, comme un coup de foudre, la lettre de l'empereur au
maréchal Pélissier, en date du 6 février 1863. Dans cette
missive, Napoléon III expose au gouverneur ses idées sur la
propriété des terres de l'Algérie qui doit être laissée à ses
possesseurs séculaires « les Arabes », et c'est avec indigna-
tion qu'il réfute les prétentions basées sur les errements de
nos prédécesseurs et « *les droits despotiques du grand
Turc* ».

L'empereur avait raison, en droit comme en fait : puisque
le principe barbare du refoulement et de l'extinction des
vaincus n'avait pas été adopté, il ne restait qu'à régulariser

la situation des indigènes comme propriétaires du sol. Malheureusement cette lettre contenait le fameux passage : « L'Algérie n'est pas une colonie proprement dite, mais un « royaume arabe. » On oublia tout le reste pour ne retenir que cette inutile, étrange et menaçante déclaration.

Le sénatus-consulte du 8 mai 1863, sur la « constitution de « la propriété dans les territoires occupés par les Arabes », fut alors promulgué.

Son article 1er porte : « Les tribus de l'Algérie sont déclarées « propriétaires des territoires dont elles ont la jouissance « permanente et traditionnelle, à quelque titre que ce soit. »

L'article 2 dispose qu'il sera procédé, dans le plus bref délai ; « 1° à la délimitation du territoire des tribus.... 2° à « leur répartition entre les différents douars de chaque pays « du Tell et des autres pays de culture, avec réserve des terres « qui devront conserver le caractère de biens communaux, « 3° et à l'établissement de la propriété individuelle entre les « membres de ces douars, partout où cette mesure sera recon- « nue possible et opportune. »

Comme on le voit, les législateurs de 1863 étaient persuadés qu'en Algérie tous les indigènes vivent en tribus agglomérées formant une famille agrandie, et que la propriété individuelle n'y existe pas, tout étant en commun [1].

Dans le long rapport présenté au sénat, le général Allard avait exposé la théorie alors en cours sur le régime de la propriété en Algérie, qu'il classe comme suit :

1° Terre du Makhezen, où l'action des Turcs s'exerçait avec le plus d'arbitraire.

Ici, le rapporteur confond les azels, ou terrains domaniaux, occupés par des tenanciers payant un fermage et qui, nécessairement, étaient remplacés, s'ils venaient à disparaître ou à ne plus cultiver leur Djorra, et les tribus Makhezen, devant le service militaire, et dont chaque membre jouissait des terrains qui lui avaient été concédés et les transmettait à ses descendants. Là aussi, lorsque le colon-soldat disparaissait

---

1. Les règlements d'administration qui fixèrent les conditions d'application du sénatus-consulte s'appliquèrent à atténuer des erreurs.

CHEZ LES MUSULMANS D'ALGÉRIE 19

et n'était pas remplacé par un des siens, sa Djerra était
attribuée à un autre, mais la possession y était bien moins
précaire que chez les tenanciers des azels.

2° *Les territoires dénommés Blad-El-Arch et Sabega, possédés par les tribus à titre d'usufruit, la nu-propriété appartenant à l'État* « SELON LES PRINCIPES DU KORAN ».

Nous retrouvons ici les théories de l'école du général Charon et le terme *Blad-El-Arch* qui va être conservé, tandis
que son confrère *Sabega*, qui signifie simplement « *jouissance
antérieure* », sera à peu près abandonné. Nous avons fait
ressortir plus haut la fausseté radicale de ces théories au
point de vue du droit musulman, de l'histoire locale et des
faits.

3° *Et Terres Melk, ayant les caractères de la propriété
particulière.*

On doit reconnaître, maintenant que le temps a calmé les
passions auxquelles il est si difficile de se soustraire sur le
moment, que les principes proclamés par le sénatus-consulte
de 1863 constituaient en somme une bonne solution de la
question; le résultat l'a bien prouvé.

Mais, pour produire ses effets, cette loi devait être appliquée selon les principes qu'elle posait, c'est-à-dire qu'il fallait
reconnaître successivement les limites des tribus, puis celles
des douars et enfin, en cas de besoin, celles des particuliers.
Or, on lui reprochait, chez les Français d'Algérie, de constituer la propriété collective des tribus, et on craignait qu'une
fois cette unité factice ainsi renforcée, on n'exécutât pas la
dernière opération; en un mot, on voyait la reconnaissance de
la propriété individuelle indéfiniment ajournée et le commu-
nisme indigène maintenu ou créé.

Cela aurait-il eu lieu? Nous ne pouvons le savoir. Dans
tous les cas, l'autorité militaire se mit avec activité à
reconnaître le périmètre des tribus et des douars, jusqu'en
1870. Des essais de constitution de propriété individuelle
furent même commencés dans la banlieue de Collo et sur divers points, en exécutant les règles pratiques fixées par un
décret du 31 mai 1870.

Conformément aux instructions réglant l'application de la

loi, les commissions chargées de constater les limites des tribus et des douars devaient en outre reconnaître les parties domaniales et communales, ainsi que les biens molk se trouvant dans le périmètre de la tribu ; le reste formait le domaine collectif.

Cela paraissait justifier les critiques de ceux qui craignaient qu'on ne se servit du sénatus-consulte pour maintenir les tribus dans l'indivision ; car, on reconnaissait enfin qu'il y avait des molk dans le territoire des tribus ; mais, où s'arrêtaient les molk ? Voilà ce qui était difficile à déterminer ; et puis, leurs détenteurs étaient tenus de se faire connaître *sous peine de déchéance* ; aussi arriva-t-il dans la pratique que, selon les idées qui prévalaient dans chaque commission, on admettait un plus ou moins grand nombre de molk et qu'on classait arbitrairement les groupes dans l'une ou l'autre des deux catégories.

Si l'on s'était réellement inspiré du sentiment qui avait guidé les auteurs du sénatus-consulte on aurait fait disparaître ces distinctions subtiles et inexactes entre la nature de propriétés qui devaient appartenir en réalité à ceux qui les possédaient sans conteste. Il n'y avait qu'à constater la possession selon le texte de l'art. 1er du sénatus-consulte.

Enfin, dans « *les tribus où la propriété a un caractère essen-* « *tiellement molk, où les particuliers et les groupes de popu-* « *lation ont le droit de disposer sans restriction de leurs biens* « *fonciers* », on devait se borner à une simple constatation de leurs droits [1]. C'était le maintien du régime du droit commun.

Que de complications, que de contradictions dont nous pourrions signaler bien d'autres exemples ! Et tout cela est la conséquence d'idées préconçues et de faux renseignements exploités peut-être par des personnes voulant à tout prix maintenir la tribu, les caïds et leur pompe.

En effet, les conditions légales et la situation réelle n'étaient pas ignorées par les promoteurs du mouvement, ainsi qu'on peut s'en rendre compte par la brochure semi-officielle publiée chez Didot en 1863, sous le titre « *L'Algérie et la lettre*

---

1. Instructions ministérielles des 23 mai et 11 juin 1863.

« de l'empereur [1]. » Bien mieux, le règlement d'administration publique du 23 mai 1863 le démontre sans conteste, dans ce passage du titre V :

« *Les bases d'après lesquelles doit s'opérer le fractionne-*
« *ment du droit collectif du douar n'ont pas été fixées d'une*
« *manière absolue par le règlement. L'article 26 se borne à*
« *énoncer que le partage aura lieu en tenant compte, autant*
« *que possible, des jouissances antérieures, des coutumes loca-*
« *les, de l'état des populations........*

« *On a déjà rappelé que les terres de culture* NE SONT PAS
« L'OBJET D'UNE RÉPARTITION ANNUELLE *abandonnée à l'arbitraire;*
« QU'ELLES SONT, AU CONTRAIRE, DÉTENUES PAR LES MÊMES FAMILLES
« QUI SE LES TRANSMETTENT HÉRÉDITAIREMENT TANT *qu'elles se*
« *perpétuent sur les lieux et qu'elles ont les moyens de les*
« *exploiter......*

« *La conséquence à tirer de cet état de choses, c'est que*
« *toutes les familles ne sauraient prétendre au partage et qu'el-*
« *les ne peuvent y être admises avec des droits égaux. Les*
« *individus qui ne sont pas originaires du douar ou qui n'y*
« *ont pas leur domicile, ceux qui ne possèdent pas de ressour-*
« *ces, pourront être exclus de la répartition; tandis que les*
« *titres les plus sérieux sur lesquels une famille puisse appuyer*
« *ses prétentions, résultent de l'étendue et de la durée de la*
« *jouissance dont elle est en possession.* »

Ce sont les véritables principes conformes au droit et à la logique ; on attribuera aux familles qui possèdent depuis longtemps, souvent de père en fils, les terres dont elles jouissent.

La mise en pratique de la loi vint démontrer ce que nous avons énoncé, à savoir qu'il est impossible de déterminer où finit le terrain melk et où commence le terrain arch, et rien n'est plus caractéristique à ce sujet que les rapports adressés à l'empereur sur la marche de la constitution des tribus. Citons celui qui a trait aux Oulad-Atia :

« Ce territoire ne constitue pas un groupe homogène com-

1. Notamment pages 18, 20, 21, 22, 23, 24 (ces deux dernières surtout), etc.

« pact; c'est une agglomération de six petites tribus........ Ces
« populations, qui comptent quatre mille quatre cents habi-
« tants, sont d'origines diverses........ *Cependant, elles sont*
« *établies sur le territoire qu'elles occupent actuellement*
« *depuis un temps qu'on peut dire immémorial........*

« *Le territoire dont il s'agit a incontestablement le caractère*
« *arch; mais dans cette contrée montagneuse, voisine des*
« *grands massifs kabyles* [1], LA TERRE ARCH Y REVÊT UN CARACTÈRE
« PARTICULIER : CHAQUE FAMILLE OCCUPE POUR SES CULTURES UN
« ESPACE DÉTERMINÉ NOMMÉ EN ARABE DJORRA; ELLE EN JOUIT
« EXCLUSIVEMENT, ET SA JOUISSANCE N'A JAMAIS ÉTÉ TROUBLÉE, CES
« PARCELLES SONT POSSÉDÉES A TITRE PRIVÉ ET SUSCEPTIBLES D'ÊTRE
« TRANSMISES PAR HÉRITAGE ET CONTRAT DE VENTE, *Cet état de*
« *choses est sanctionné par la législation musulmane.* »

Remarquons qu'il s'agit d'un vaste périmètre de 14,050
hectares, répartis des deux côtés de la route de Philippeville
à Constantine, qu'il a fallu reconnaître comme melks « *bien
qu'étant de nature arch !* »

Voilà exactement la situation des tribus du Tell et, en
vérité, n'était-il pas plus simple, au lieu de toutes ces complications, de toutes ces chinoiseries et de ces divisions arbitraires, en melk et en arch, de dire :

Conformément à la loi musulmane qui dispose que la jouissance sans trouble pendant dix ans acquiert la prescription
du droit de propriété, quiconque sera reconnu en jouissance
régulière, depuis au moins dix ans, d'un terrain, en sera dé-
claré propriétaire définitif.

Il ne serait resté que quelques dispositions spéciales à
prendre à l'égard des tribus semi-sahariennes des Hauts-Plateaux.

Parmi les mesures édictées ensuite dans le but évident de
conserver intact le territoire des tribus, rappelons le décret
du 13-31 décembre 1866, proclamant *insaisissables pour dettes antérieures les terres constituées propriété individuelle en
vertu du sénatus-consulte de 1863, et même les prix de vente,*

---

1. C'est d'El Kantour qu'il s'agit, région qui en est assez éloignée au contraire.

non encore payés. Dans son rapport à l'empereur sur le projet de ce décret, M. Baroche, garde des sceaux, explique qu'en effet « *le propriétaire a pu vendre une partie de sa terre pour se procurer le moyen de mettre le surplus en valeur* ». C'est pourquoi il faut soustraire cet argent à ses créanciers !

On voit par là, ce que devenait, dans l'application, une mesure libérale.

Nous nous sommes étendus longuement sur les conditions dans lesquelles a été préparé et appliqué le sénatus-consulte de 1863, parce qu'il a servi de base à la loi de 1873.

Au mois de décembre 1870, lorsque l'exécution en a été arrêtée par une décision du gouvernement de la défense nationale, voici quels en étaient les résultats obtenus.

Une superficie de 6,883,751 hectares, comprenant une population de 1,057,066 habitants et formant 656 douars, avait été reconnue et constatée.

On avait classé :

2,840,531	hectares comme	melk
1,523,013	— comme	arch
1,336,492	— en	communaux
180,643	— comme	Domaine Public
1,003,072	— comme	Domaine de l'État
6,883,751		

Ainsi, en opérant dans les plaines et les vallées du Tell, et non en pays kabyle, on avait reconnu tout d'abord, malgré les tendances qui poussaient les commissions à voir partout des *Arch*, que les terrains melk occupaient presque le double de la superficie de ceux classés comme arch.

VII

LOI DU 26 JUILLET 1873

Après la chute de l'Empire, l'assemblée nationale, dès qu'elle en eut le loisir, s'occupa, à la demande des députés algériens, de la constitution de la propriété indigène en

Algérie. Une commission nommée à cet effet reçut dans son
sein deux députés algériens, MM. Warnier et Lucet, ayant,
l'un et l'autre, une compétence indiscutable.

Les délibérations de cette commission aboutirent à la loi
du 26 juillet 1873, qui consacre les principes posés par le
sénatus-consulte de 1863, prescrit la continuation du travail
tel qu'il a été préparé, en se servant des reconnaissances
déjà faites, et édicte un mode de constitution de la propriété
individuelle au profit des possesseurs de terrains classés
comme collectifs. Quant à la propriété privée, (melk) laissée
précédemment dans le droit commun, la nouvelle loi en pros-
crivait la constatation par un titre administratif.

Pourquoi, dira-t-on, avoir fait une loi nouvelle, alors qu'il
y avait si peu de chose à changer? Pourquoi avoir tout com-
pliqué comme à plaisir, alors que le décret du 31 mai 1870,
réglait, d'une manière simple et pratique, la constitution de
la propriété individuelle?

Il fallait certainement poser certains principes et supprimer diverses dispositions par trop illégales; mais, en dehors
de ces mesures nécessaires et faciles à réaliser, nous pensons
qu'on céda surtout à un préjugé : la réprobation qui avait
frappé le sénatus-consulte de 1863; il n'eut pas été la peine
de changer de gouvernement si on en avait simplement con-
firmé l'application.

Un des buts principaux] de cette loi, énoncé clairement
dans l'article 1ᵉʳ, consiste à soumettre à la législation française
tout ce qui se rapporte à la propriété immobilière, *quels
que soient les propriétaires.*

Ce principe visait particulièrement les transactions des indigènes entre eux, puisque, depuis longtemps, les cadis n'avaient
plus qualité pour recevoir leurs actes avec des Européens.

L'article 3 ordonne la constitution de la propriété individuelle « *dans les territoires où la propriété collective aura été
constatée au profit d'une tribu ou d'une fraction par application du sénatus-consulte de 1863......*

« *... La propriété du sol ne sera attribuée aux membres de la
« tribu que dans la mesure des surfaces dont chaque ayant
« droit avait la jouissance effective......*

« *Lorsque l'existence des droits de propriété privée non con-*
« *statée par acte notarié ou administratif aura été reconnue*
« *par application du titre II ci-après, des titres nouveaux*
« *seront délivrés aux propriétaires.*

« TOUS CES TITRES DÉLIVRÉS FORMERONT, APRÈS LEUR TRANSCRIP-
« TION, LE POINT DE DÉPART UNIQUE DE LA PROPRIÉTÉ A L'EXCLUSION
« DE TOUS LES AUTRES. »

Suivent diverses dispositions, et enfin le titre Ier se termine
par l'article 7 ainsi conçu : « *Il n'est point dérogé par la*
« *présente loi au statut personnel, ni aux règles de succession*
« *des indigènes entre eux.* »

Notons en passant que ce dernier article est en opposition
complète avec le principe placé en tête de la loi : « *l'établisse-*
« *ment de la propriété immobilière....... est régi par la loi*
« *française.* »

En réalité, le titre Ier constitue le fond, l'essence même de
la loi de 1873. Nous indiquerons plus loin en quoi elle s'écarte
du sénatus-consulte, et ce qu'elle est devenue dans l'application.

Le titre II est intitulé : « *De la procédure relative à la con-*
statation de la propriété individuelle. »

Nous voyons ici de nouveaux noms désigner de vieilles
choses ; en effet, « *propriété privée* » s'applique à ce qu'on
appelait jusqu'alors « *melk* » ; et « *propriété collective* » ce qu'on
avait nommé, grâce à la fiction que nous avons indiquée ;
« *Arch* ». Il eut mieux valu pénétrer au fond des choses,
supprimer une distinction arbitraire et ne pas créer de nouveaux vocables.

Un personnage nouveau entre aussi en scène, le *commis-*
saire-enquêteur, et naturellement il se forme tout un rouage
administratif, le « service de la propriété » dans chaque pré-
fecture, centralisé à Alger, dans les bureaux du gouvernement général.

Le chapitre Ier de ce titre II indique les conditions dans
lesquelles la « propriété privée » doit être reconnue. Il contient
onze compendieux articles qu'on peut résumer ainsi : *Après*
les publications administratives, le commissaire se rend sur les
lieux, entend chacun, reconnaît les lots et (rentré chez lui)

dresse son travail qui est ensuite traduit puis déposé. Des publications invitent les intéressés à en prendre connaissance pendant TROIS MOIS *et à consigner leurs observations.*

Le commissaire effectue ensuite son deuxième transport sur le terrain pour vérifier les réclamations, puis dresse son travail définitif. Des titres provisoires sont remis aux propriétaires de melk qui ont trois mois pour les attaquer ou contester devant les tribunaux; après ce délai, le titre devient définitif et le Domaine en délivre un qui proscrit et annule tous les titres antérieurs et qui est transcrit d'office au bureau des hypothèques, sous un nom patronymique possédé par l'intéressé *ou qui lui est conféré à cette occasion.*

Tout créancier hypothécaire ou prétendant un droit réel sur l'immeuble devra, *sous peine de déchéance,* faire inscrire ou transcrire ses titres, sous le nom patronymique conféré, au bureau des hypothèques, *avant la transcription du titre français.*

Le chapitre II fixant la procédure de la constitution de la *propriété individuelle (arch)* ne diffère pas sensiblement du précédent, — cela se conçoit; — seulement le travail du commissaire enquêteur est soumis à l'homologation du gouverneur général qui doit rendre son arrêté dans le délai de deux mois, après quoi, les titres sont délivrés sans autres formalités.

Nous arrivons au titre III de la loi : « *Dispositions transitoires.* »

Bien qu'on ne se fût pas rendu compte des difficultés et des retards que produiraient ces complications, on estima cependant que cela ne se ferait pas en un jour et que des transactions immobilières pourraient se produire dans l'intervalle; mais, au lieu de les laisser, comme par le passé, s'effectuer aux risques des parties, sous l'égide de la justice, on accumula les formalités et les difficultés d'une façon véritablement extraordinaire. Les fantaisies de l'administration se substituent au droit commun ainsi qu'on peut en juger par ce résumé;

Toute vente d'immeubles indigènes (melk) à des européens, conclue avant la délivrance des titres, sera soumise aux formalités suivantes :

1° Être signifiée à l'administration des domaines ;

2° En outre de la transcription et des purges prévues par le Code civil *tout tiers détenteur ou nouveau possesseur* (que signifient ces termes ?) devra faire insérer, deux fois au moins, à un mois d'intervalle, extrait de son contrat en français et en arabe, dans « *le mobacher* » et dans un des journaux de son arrondissement ;

3° L'acquéreur transmettra pareil extrait au procureur de la République de l'arrondissement qui en opérera le dépôt ;

4° Dans le délai de trois mois, toute personne ayant des droits à faire valoir sur l'immeuble, d'après le droit musulman et la loi du 23 mars 1855, devra présenter sa réclamation aux dépositaires du contrat, sous peine de n'avoir plus d'action que sur le prix ;

5° Avis en sera transmis au procureur de la République ;

6° Si le vendeur conteste, il sera tenu, dans le délai d'un mois, d'introduire l'instance pour purger l'immeuble ;

7° Après ce délai, l'acquéreur pourra réclamer au parquet un certificat, s'il n'y a pas eu revendication. Ce certificat contiendra sept articles visant l'exécution de toutes les formalités ;

8° Il se fera délivrer par l'administration des domaines, sur le vu de ce certificat, un titre définitif, auquel sera joint son contrat primitif.

Telle est en résumé la loi du 26 juillet 1873.

Son but est incontestablement d'arriver à la constitution de la propriété individuelle sur des bases fixes et équitables, se rapprochant le plus possible de la loi française, appelée à régir à l'avenir les questions immobilières.

Quant aux règles d'application, ce sont toujours les mêmes, reconnaître propriétaires les indigènes qui ont pour eux le bénéfice de la possession. Les précautions prises pour le constater sont véritablement excessives. Quant au maintien, même temporaire, de la tribu indivise ou à l'interdiction faite à ses membres de vendre à des étrangers, il n'en est plus question ; mais l'interdiction absolue de toute vente en terrain arch non constitué en résulte.

Pourquoi avoir maintenu ces divisions arbitraires : propriété individuelle (melk) et propriété collective (arch) en se bornant à en changer le nom? Puisque quiconque possède est reconnu propriétaire, pourquoi parler encore de propriété collective?

On n'avait donc pas encore vu que la différence entre les terres classées melk et celles intitulées arch était toute fictive, puisqu'on donnait une nouvelle consécration à une erreur manifeste?

Le sénatus-consulte de 1863 était plus logique et plus simple dans les grandes lignes qu'il traçait.

Mais où la loi de 1873 s'en écarte le plus, c'est en prescrivant la reconnaissance individuelle des melk et la délivrance d'un titre administratif. Très sagement, dans l'exécution du sénatus-consulte, on avait laissé les melk dans le droit commun, c'est-à-dire qu'il appartenait aux propriétaires de faire respecter et reconnaître leurs droits et d'en disposer comme par le passé, par les voies légales ordinaires. Cela avait permis à l'autorité militaire de reconnaître et de délimiter par groupes près de 7 millions d'hectares dans le Tell.

La loi de 1873 voulut faire mieux et prescrivit la reconnaissance des droits individuels de chacun dans les parties classées comme melk. C'était se lancer inutilement dans des difficultés inextricables qui ont retardé gravement une opération dont l'exécution aurait dû être simplifiée. C'était, en outre, se mettre dans l'obligation de rechercher les droits revenant à chacun, chose fort difficile en soi, mais qui avait l'inconvénient de multiplier les co-propriétaires en attribuant des parts infimes à des héritiers avec lesquels les propriétaires transigeaient habituellement pour obtenir l'abandon de leurs droits [1]. C'était enfin détruire la propriété familiale au grand préjudice des indigènes.

Elle consacre encore un autre principe : c'est la domina-

---

[1]. Pour démontrer à quels chiffres on est arrivé comme fractions, citons comme exemple, dans le douar des Beni Ouelbane, la famille Bou Rennane dont les immeubles sont partagés en 69,120 parts. (Titres du 1ᵉʳ août 1889.) Hameïda ben Dif dans la même tribu a $\frac{30}{11.52}$ dans des parcelles dont plusieurs n'ont pas un demi hectare (titre, n° 751).

tion administrative se substituant au droit commun, à la justice qui, chez tous les peuples libres, est chargée de statuer sur les litiges civils, particulièrement les questions de propriété.

Voilà ce qui différencie surtout la loi de 1873 du sénatus-consulte et la rend beaucoup moins libérale.

Et pour qu'on ne nous accuse pas d'émettre ici une opinion téméraire et personnelle, nous allons reproduire le passage suivant des « *instructions du gouvernement général (1888, p. 3, art. 5)* ». Dans l'application du sénatus-consulte de 1863, on avait reconnu les melk « *par grandes masses* » dans les tribus généralement arch, et « *en bloc* » dans les tribus melk. « *Or, ce mode de constatation, tout en ayant pour effet de placer les immeubles sous le régime du droit commun et sous la juridiction de l'autorité judiciaire, n'avait pu donner aux droits individuels la précision qui leur manquait précédemment et que réclamait la sécurité des transactions entre indigènes et européens C'est pourquoi le législateur de 1873, a voulu que les opérations de reconnaissance et de délivrance de titres administratifs portassent aussi bien sur les territoires de propriété privée que sur ceux de propriété collective.* »

Il n'y a plus d'équivoque : l'administration se réserve la prérogative de délivrer *tous les titres*, et, par conséquent, de vérifier *tous les droits*. Son titre, délivré sous un nouveau nom patronymique, « annule tous les titres antérieurs, il forme, après transcription, le point de départ unique de la propriété à l'exclusion de tous autres [1] ».

L'administration a donc eu la prétention de tout réduire à un type unique et les législateurs ont dû croire que la loi de 1873 permettait d'y arriver. Cependant, on n'est pas allé jusqu'à déchirer les titres réguliers antérieurs : concessions, jugements d'adjudication, actes notariés, etc., et ces titres, fort nombreux, ne ressemblent en rien au nouveau type. Enfin, des transactions importantes ont eu lieu, depuis la conquête, entre européens et indigènes propriétaires de terres, sous l'égide de la loi de 1851 et même du sénatus-consulte

1. Article 3.

de 1863, des inscriptions judiciaires et conventionnelles ont été prises sur ces terres, justement parce qu'elles sont des biens propres et que les droits des possesseurs étaient constatés par des actes de cadis ou de toute autre manière.

La loi de 1873 n'est pas tendre pour les créanciers et ici perce, une fois de plus, cette tendance, si répandue chez nous, et qui consiste à préjuger le créancier de mauvaise foi et le débiteur de bonne foi. Les promoteurs du sénatus-consulte de 1863 avaient rendu les terres insaisissables pour dettes antérieures; les législateurs de 1873 imposent aux créanciers hypothécaires ou prétendant un droit réel, l'obligation de faire inscrire ou transcrire leurs titres *sous le nouveau nom patronymique* avant la transcription du titre français administratif *et cela sous peine de déchéance!*

Ainsi, le créancier ayant en mains un titre régulier, confiant dans notre législation hypothécaire, se voit *administrativement* déchu de ses droits [1], s'il ne se tient pas au courant de la constitution administrative de la propriété, de façon à faire les diligences ci-dessus indiquées en temps utile. Or, dans l'immense majorité des cas, il ne peut être tenu au courant, à moins de faire partie de l'administration, car personne ne le prévient. Il est vrai que nul n'est censé ignorer la loi et qu'il a la faculté de lire les publications en français et en arabe, annonçant les opérations dans tel ou tel douar.....; mais ces douars ont reçu souvent des appellations nouvelles qu'il ignore, et puis, elles sont si nombreuses, si fastidieuses, ces publications, que celle qui l'intéresse peut lui échapper; et en résumé il est frustré, tout en possédant des titres légaux, réguliers, sur lesquels il s'est reposé à bon droit.

On a voulu éviter les conflits entre l'autorité judiciaire et l'autorité administrative et on a organisé la spoliation!

D'autre part, l'administration civile, chargée de l'importante mission qui lui incombe selon la loi, a entassé des prescriptions, des difficultés, des complications qui ont pour but théorique d'assurer la régularité des opérations et pour résultat de diviser la responsabilité entre une masse de fonc-

---

1. Cette illégalité se produit également lors de l'application du séquestre.

tionnaires et d'établir à l'état chronique le chassé-croisé des
pièces, des procès-verbaux, des notes entre les préfectures,
le domaine et le gouvernement général.

Une préoccupation domine : c'est que les intéressés ne
puissent pas dire qu'ils n'ont pas été prévenus et n'ont pas
eu le loisir de faire valoir leurs droits. Mais, en réalité, les
mesures prises manquent absolument leur but. En effet, les
publications dans les journaux, les affiches sont lettres-mor-
tes pour les indigènes, car ils ne savent pas lire, en général,
et la minorité infime qui peut le faire ne comprend rien au
langage administratif habillé en lettres arabes qu'elle voit.
Les journaux ne pénètrent pas dans les douars, pas même le
mobacher, depuis qu'on ne force plus les caïds à s'y abonner,
et, pour ce qui est des affiches, il est souvent impossible de
les appliquer en pays arabe, à moins de les passer dans
les branches d'un buisson...... Du reste, l'emploi d'afficheur
n'existe pas dans les tribus.

Quant au dépôt du travail et au droit de chacun de le
consulter dans les délais fixés, cela ne sert pas à grand
chose ; en effet, les indigènes ne savent pas utiliser les droits
que leur confère un texte abstrait de loi ; cette initiative
nécessaire au citoyen leur manque, car ils attendent tout de
la bienveillance du prince et de l'équité de la justice. Et
puis, nous le répétons, ils ne savent en général pas lire, et
sont incapables de comprendre un plan ou un procès-verbal
et, par conséquent, de vérifier le travail du commissaire.

Par une contradiction assez bizarre, la loi réserve aux
ayants droit la faculté d'attaquer ce travail devant les tribunaux après la délivrance des titres provisoires, pendant
trois mois. Voilà encore une garantie plus apparente que
réelle, car enfin nous ne voyons pas de quelle façon la
justice pourrait intervenir, au milieu de ce travail administratif exécuté en vertu de règles spéciales.

Mais le bouquet de la loi de 1873 est le titre III, fixant les
règles des transactions en territoire de propriété privée avant
la délivrance des titres. Pourquoi l'administration tient-elle
à intervenir dans des affaires qui avaient toujours été réglées
par le droit commun ? Pourquoi enserrer les contractants

dans un filet de formalités et de délais inutiles ou excessifs? Pourquoi vouloir à toute force délivrer un « *titre administratif* » au lieu de laisser les gens continuer à agir à leurs risques et périls, jusqu'au moment de la constitution administrative de la propriété privée?

Nous y retrouvons le même luxe de publications inutiles mais coûteuses, les mêmes retards, les mêmes délais, les mêmes formalités entraînant la prescription des droits réels. Et le pis est que, sous ce luxe de difficultés, on ne cherche pas tant à protéger les droits des particuliers qu'à mettre l'administration à l'abri de tout reproche. Comme résultat, c'est, dans la plupart des cas, l'interdiction des transactions qu'on a voulu réglementer et qui étaient pratiquées depuis de longues années dans des conditions, en général régulières, chez les notaires. On vit alors, dans plus d'une localité, ces officiers ministériels obliger leurs clients à des formalités et à des dépenses qui n'avaient pas été nécessaires pour les mêmes immeubles, à l'occasion de toute une série d'actes antérieurs!

De telles complications sont pires que des interdictions pures et simples, car les affaires ne se font pas ainsi; quant à ceux qui cherchent à braver de telles difficultés, ils ne peuvent avoir d'intentions bien pures ou se préparent de rudes écoles.

L'application d'une telle machine fit naître des difficultés sans cesse renouvelées que le gouvernement général essaya de résoudre à coups de circulaires : l'encre administrative coula à flots.

Cependant, les lenteurs nécessitées par la loi de 1873 ne tarderont pas à frapper tous les yeux et à provoquer de nombreuses réclamations. On calcula qu'il faudrait plus d'un siècle et des millions pour terminer cette entreprise.

En attendant, des transactions ayant eu lieu quand même et des procès s'étant produits à l'occasion des terres classées dans les *arch*, le gouvernement interdit aux cadis de connaître de ces litiges dès 1876, « *pour éviter des conflits entre « l'autorité judiciaire et l'autorité administrative* » et chargea les Djemaa des douars de statuer *administrativement* sur ces différends.

Ainsi, les jugements des cadis qui, en général étaient étayés sur des bases légales et qui auraient pu servir ultérieurement pour la reconnaissance de la possession, furent remplacés par d'informes « *délibérations de djemaa* » accordant arbitrairement droit aux parties ! Il est vrai que des jugements réguliers, basés sur la loi et les coutumes musulmanes, se seraient trouvés bien souvent en contradiction avec les instructions administratives, fondées sur des appréciations inexactes de la situation et des traditions indigènes.

Une circulaire du 9 juillet 1880, prescrivit aux commissaires-enquêteurs de ne tenir aucun compte des ventes intervenues dans les « *terres collectives de culture* », et un arrêté de juin 1883 interdit absolument la vente de ces terres. Quant aux melk, la vente n'en sera valable que si les droits résultent de titres réguliers. Les notoriétés indigènes ne sont pas admises et l'administration peut poursuivre la nullité de ces ventes !

Le 19 février 1879, un arrêté avait nommé des « *inspecteurs des commissions d'enquête* ». Un autre arrêté du 6 mars 1883 réorganisa le « *service de la propriété indigène* ».

Le 23 mars 1882, l'administration algérienne obtenait du parlement le vote d'une loi « *pour la constitution de l'état civil des indigènes* », et le 13 avril 1883, un décret en réglait l'application. Cette mesure, partant d'une erreur, de même que celle qui avait servi de base à la loi de 1873, se rattache évidemment au même ordre d'idées ; nous en parlerons plus loin.

Les instructions du 18 août 1883 recommandent aux commissaires-enquêteurs de se conformer autant que possible, dans leurs attributions, à la possession, sans chercher à faire revivre des droits prescrits.

En 1883, après dix ans d'efforts et de dépenses, on n'avait distribué de titres définitifs que pour environ 400,000 hectares, et l'on se décida enfin à apporter des modifications sérieuses à la loi de 1873.

VIII

LOI DU 28 AVRIL 1887 MODIFIANT CELLE DE 1873

Le 28 avril 1887 fut promulguée une nouvelle loi qui devait, disait-on, remédier à tous les inconvénients signalés par la pratique ; mais ce fût hélas ! un bien faible palliatif, et la loi de 1887 est déjà reconnue inférieure à celle de 1873.

Rien de surprenant à cela lorsqu'on lit l'exposé des motifs, car il en résulte que les législateurs de 1887 sont bien moins au courant de la situation réelle que ceux de 1863. Les erreurs que nous combattons dans ce travail, et dont nous avons suivi le point de départ et le développement, s'y étaient fortifiées, grandies, passées à l'état d'axiome. A quoi donc avaient servi vingt-cinq années d'écoles, de tâtonnements et de révélations ?

Après avoir énoncé que la constitution de la propriété en terrain melk était entourée de trop de formalités et qu'il fallait aussi trouver un procédé pour réglementer la vente des terres arch puisqu'on ne pouvait l'empêcher (malgré l'arrêté d'interdiction de juin 1883), l'exposé entre dans les considérations suivantes :

« En résumé la possession en terre arch était subordonnée aux conditions suivantes : droit supérieur du « *bey* » ; inaliénabilité des terrains ; obligation par le détenteur de vivifier le sol sous peine de déchéance ; modifications apportées à l'ordre successoral ; et enfin interdiction du droit de location (?) et de tout autre mode de jouissance que l'exploitation directe (!)

« Comme conséquence de ces restrictions, les terres arch étaient placées en dehors de la juridiction des cadis ; les différends auxquels elles donnaient lieu étaient déférés à l' « autorité administrative » c'est-à-dire à la djemaa et aux fonctionnaires du beylik........

« Exceptionnellement, les melk, d'origine musulmane

autres que les conquêtes (?) étaient grevés d'un droit supérieur de revendication au profit du bey... »

Telles sont les idées qui ont présidé à l'élaboration de la loi de 1887. Elles contiennent presque autant d'erreurs que de mots et l'on reste confondu devant une pareille ignorance sur une question ressassée depuis tant d'années.

Non seulement, en effet, on y répète les théories de l'école du général Charon en les aggravant, mais encore on met en avant une nouvelle théorie, celle du droit supérieur du « *bey* » sur les terres melk; c'est proprement le retour pur et simple au régime turc, et encore le bey, alors, n'était qu'un agent du *dey* indépendant, ou du pacha, en un mot du régime turc. Quant à la djemaa des tribus « arch », nous doutons fort de son pouvoir administratif à l'époque turque, sinon de son existence.

Voilà où nous en sommes en 1887 et les instructions du gouvernement général, après avoir reproduit ce passage, ajoutent : « Ces principes serviront de guides aux commissaires délimitateurs, etc......

Cela dit, voyons à quoi se résume la loi de 1887 :

1° Obligation de procéder à la reconnaissance et à la délimitation des tribus et fractions dans lesquelles le sénatus-consulte de 1863 n'a pas encore été appliqué et que la loi de 1873 avait complètement oubliées;

2° Diminution des délais et de quelques autres formalités imposées par la loi de 1873;

3° Interdiction au commissaire de s'occuper des immeubles reposant sur un titre français et qu'il confondra avec les terrains domaniaux. Délai d'un mois, après le dépôt pour contredire en justice « sous peine de déchéance »;

4° Autorisation aux détenteurs de terrain arch où la propriété n'a pas été reconnue, de consentir des promesses de vente au profit d'Européens, « à charge par l'un des con-« tractants de se mettre en instance, dans le délai de trois « mois, pour obtenir de l'administration la délivrance d'un « titre provisoire ». Passé ce délai, la promesse est considérée comme nulle.

La requête en délivrance du titre doit être appuyée d'un

extrait du contrat *notarié*, du plan de l'immeuble et de la consignation des frais.

Puis a lieu une enquête, annoncée et publiée un mois à l'avance, selon les prescriptions de la loi de 1873 (article 8) et à laquelle il est procédé conformément à l'article 11 de la même loi. Procès-verbal, rapport du commissaire, bornage, collation d'un nom patronymique, renvoi à l'inspecteur de la propriété, correction et enfin dépôt pendant quarante-cinq jours; publications, vérifications des réclamations, nouveau transport; puis, le travail fini, transmission au préfet qui renvoie au gouverneur, et, après examen dans tous les bureaux, arrêté d'homologation par le gouverneur » en conseil de gouvernement »; après quoi le titre est dressé et transcrit par le service des domaines.

Telles sont, en abrégé, les formalités à faire;

5° Pour les terrains melk, bornage par le juge de paix assisté par le géomètre et l'interprète en observant diverses autres formalités pour la publicité et l'enquête.

6° Et, afin de ne rien oublier, changement de nom du commissaire-enquêteur qui s'appelle maintenant, « *commissaire délimitateur* ».

Voilà à quoi se résume la loi de 1887.

Elle consacre un grand pas : le droit par les détenteurs de terres arch, de les vendre aux Européens dans les mêmes conditions que les melk, ce qui prouve, par parenthèse, que ces terres ne constituent pas une propriété collective, et qu'on avait eu tort d'en interdire la vente quelques années plus tôt.

Malheureusement, elle maintient l'obligation du titre administratif et il en résulte qu'elle prescrit une procédure aussi compliquée que coûteuse, avec tous les inconvénients de la loi de 1873.

De telles dépenses ne peuvent être faites que si les terres vendues ont une grande superficie. Or, c'est l'exception et pour la majorité des cas, la valeur est si faible que le prix seul de l'acte notarié trouble l'économie de la vente et l'empêche même.

On dit, cependant, que certains spéculateurs ont su en profiter, cela prouverait que les précautions administratives sont insuffisantes et que le régime du droit commun est, de tout point, préférable. Nous connaissons, au contraire, un grand nombre de gens qui n'ont pu s'en servir.

Deux importants décrets ont dû régler l'application de cette loi : celui du 22 septembre 1887, qui a trait à la reconnaissance et à la délimitation des tribus et institue, à cet effet, une commission administrative, par département, et celui du 31 octobre suivant, relatif aux dépenses nécessitées par l'application de cette loi. De compendieuses instructions du gouverneur général ont achevé de préciser les détails de la mise en pratique.

Plus de quatre années se sont écoulées depuis, et il est certain que le nombre d'hectares constitués et de titres délivrés a augmenté dans de certaines proportions; mais il est non moins certain que le travail restant à faire est énorme, que les dépenses sont considérables et que, d'autre part, les dispositions prises pour permettre les transactions sont trop compliquées et n'ont pas donné le résultat attendu. Une nouvelle réforme s'impose : chacun le reconnaît.

———

CONCLUSION

Parmi les questions algériennes remises actuellement en discussion, une des principales est sans conteste, celle de la propriété indigène.

Pour la bien juger, il faut la bien connaître, c'est pourquoi nous en avons fait, aussi impartialement que possible, l'historique.

L'heure n'est plus aux discussions théoriques et, si nous sommes entré dans certains détails, c'est afin de pouvoir faire justice de traditions usées et d'erreurs qu'on pourrait essayer d'accréditer encore.

Il s'agit maintenant de prendre une décision pratique, sauvegardant les intérêts des indigènes, les droits de la France et les *desiderata* de la colonisation.

Or, il est une école qui, reprenant les théories des soutiens du royaume arabe, prétend que la constitution de la propriété individuelle amènera rapidement la ruine des indigènes et que ceux-ci dans leur imprévoyance, s'empresseront d'hypothéquer ou de vendre leurs domaines.

Il faut, pour soutenir de semblables théories, ne pas connaître l'esprit de nos cultivateurs musulmans, ou établir une règle générale basée sur des faits particuliers. En réalité, nos indigènes aiment la terre autant que le paysan français et quand la récolte est bonne, et que leurs dettes sont payées, ils emploient toutes leurs ressources disponibles à en acheter; si le fléau des mauvaises années se succède, ils empruntent sur leurs terres ou vendent à réméré leurs parts indivises, mais aussitôt que l'aisance revient, avec la récolte, ils s'empressent de solder leurs obligations et de dégager leurs biens.

Voilà, en réalité, ce qui se passe, à peu d'exceptions près, et il n'y a rien là de contraire aux lois économiques. C'est la meilleure démonstration que l'on peut donner aux indigènes de la nécessité de travailler et des avantages de la prévoyance et de l'épargne. Rien, en effet, ne frappe les natures peu cultivées comme l'exemple, et il est facile de constater déjà l'action produite par ceux qui réussissent.

Et, sans parler de l'intérêt de la France à ce que le pays soit prospère, on voudrait nous ramener à ce régime factice de la terre arch, inaliénable bien que divise, où l'on meurt en temps de disette ; à la reconstitution de la tribu fermée pour la seule satisfaction des caïds et des paresseux ?

Cela ne sera pas, car cela est impossible à mettre en pratique ; le temps des régimes exceptionnels est passé, on ne fait pas revivre ce qui est mort ; et rien ne prévaut contre la logique des situations. Les indigènes modifieront leur régime économique ou ne seront pas.

Il ne reste donc qu'à trancher sans hésiter avec le passé et à marcher résolument vers l'avenir.

Il ne faut plus parler de terres arch ni de propriétés collectives. Il ne faut pas maintenir d'interdictions ni de régimes spéciaux.

L'État doit : 1° achever la délimitation des tribus et des douars ; 2° faire reconnaître partout les biens qui lui appartiennent (domaine et forêts) ; 3° et déterminer les communaux affectés à chaque groupe de population indigène. Là se borne son rôle.

Tout le reste des terres doit être replacé dans le droit commun en laissant à chaque chef de famille, le soin de faire constater légalement ses droits et en supprimant toutes les dispositions relatives à la constitution de la propriété individuelle, aux titres administratifs et aux délibérations de Djemaa.

La question ainsi simplifiée, serait bientôt résolue d'elle-même. On rendrait, cela va sans dire, aux cadis le droit de statuer sur les litiges, dans les contrées éloignées des centres, avec faculté pour les parties d'appeler de leurs sentences devant nos tribunaux. Ailleurs, les bornages seraient confiés à nos juges de paix en réduisant les frais et formalités de ces instances, le plus possible. Enfin, la transcription hypothécaire serait obligatoire lorsque ces opérations ou ces sentences seraient devenues définitives.

Voilà incontestablement la solution la plus simple, la plus rapide, la plus pratique.

Mais, si on la trouve trop radicale, si l'on ne peut se débarrasser des traditions du passé, si l'on veut, quand même, constituer administrativement la propriété, qu'on se borne à la reconnaître par familles, là où les titres manquent, en laissant à chaque membre le soin de sortir de l'indivision, s'il le veut. En procédant ainsi, on pourra aboutir; on se conformera aux traditions locales, et on rendra service aux indigènes.

Enfin, on ira au devant de ce qui se passe dans la plupart des régions où des titres ont été distribués : là, en effet, les gens intelligents et ayant des ressources, rachètent les petits lots qui les entourent ainsi que les parts indivises qui les gênent et reforment ainsi une propriété familiale : ce serait donc du temps gagné.

Il faut qu'on se pénètre une fois pour toutes de cette vérité que, dans la majorité des régions du Tell, en Algérie, la petite propriété n'est pas possible en ce moment, pas plus chez les indigènes que chez les Européens. Attribuer à un arabe un lot de quelques hectares est une inutilité, car il n'en peut rien faire, le vend ou l'abandonne. Voilà pourquoi, après avoir fait un acte de justice, en reconnaissant aux indigènes la propriété des terres qu'ils occupent, c'est détruire l'effet de cette bonne œuvre que de les morceler à l'infini entre eux.

Quant aux formalités édictées à titre transitoire pour la vente des terres non reconnues, elles sont à supprimer entièrement et on doit laisser chacun agir sous sa responsabilité et la sauvegarde du droit commun.

Enfin la propriété familiale étant ainsi reconnue, il ne sera pas difficile de faire en même temps le cadastre de toutes les terres dans des conditions d'exactitude suffisantes pour l'établissement de l'impôt foncier; car il n'y a pas de réforme possible du régime de l'impôt, tant que ce travail ne sera pas fait.

ÉTAT-CIVIL
DES INDIGÈNES MUSULMANS

LOI DU **23** MARS **1882** ET DÉCRET DU **13** MARS **1883**

Nous avons vu, au cours de ce travail, que les commissaires-enquêteurs, en appliquant la loi de 1873, sur la constitution de la propriété, devaient conférer un nom patronymique
aux indigènes qui en manquaient. Cette disposition produisit
de curieux effets, lorsqu'elle fut appliquée par des fonctionnaires peu au courant des choses indigènes ou aimant la
plaisanterie; l'un d'eux, qui avait donné à ses administrés
des noms *français* d'animaux, est resté célèbre.

L'administration, après avoir essayé, à coup de circulaires
de réglementer cette espèce, se décida à préparer une véritable loi qui fut votée le 23 mars 1882 par le Parlement sous
le titre de : « *Loi relative à la constitution de l'état-civil des
indigènes* ». Puis, le 13 mars 1883, parut un décret en règle-
mentant l'application.

Il en résultait, tout d'abord, la création d'un nouveau
service dit « *de l'état-civil musulman* », avec des commissaires à la *constitution de cet état-civil*, une *commission centrale* par département et un bureau auprès du Gouverneur
général. En effet, c'est ce haut fonctionnaire qui se réservait
le droit de désigner les douars dans lesquels on procéderait
d'abord, et d'homologuer, en dernier lieu « en conseil du
gouvernement, les travaux préparés par le service, vérifiés
par les commissions et achevés à la Direction générale.

Passer en revue les formalités, les précautions, les compli-

cations entassées administrativement à ce sujet, serait véritablement fastidieux.

De même que la loi du 26 juillet 1873 repose sur des
inexactitudes, celle du 23 mars 1882, part d'un principe er-
roné : « *les indigènes algériens n'ont pas de noms patronymiques* » et sur cette base fausse, il était difficile d'édifier une
œuvre logique et utile.

Les indigènes algériens considèrent il est vrai, comme
noms, ce que nous considérons comme prénoms; mais ils ont
des surnoms (konia) qui répondent à peu près à ce qu'ont
été nos noms patronymiques dans l'origine. Ces surnoms
désignent peu à peu les familles ou les branches descendant
de l'auteur auquel ils ont été appliqués. C'est grâce à cela
que les indigènes évitent des erreurs entre eux; c'est grâce à
cela que, pendant les cinquante-trois années qui ont précédé
l'application de la loi de 1882, on a pu en Algérie faire avec
eux toutes sortes d'affaires mobilières et immobilières. Il n'y
avait donc qu'à compléter et améliorer ce qui existait déjà :
des instructions aux officiers de l'état-civil et aux officiers
ministériels auraient permis de réaliser ce progrès sans
difficultés ni dépenses.

On a préféré faire table rase; tenir pour non avenus les
résultats acquis par l'action des notaires, des registres hypothécaires et des agents de l'état-civil; compromettre, comme
nous le démontrerons plus loin, les intérêts des Européens et
des indigènes ayant fait des affaires ensemble et causer à tous
une gêne insupportable, empêchant souvent les transactions
et augmentant les frais et les difficultés déjà si considérables.

Pour qui donc a-t-on travaillé? Qui réclamait des mesures
aussi radicales et aussi compliquées?

En dehors de l'établissement des casiers judiciaires et des
répertoires des sommiers des hypothèques, je ne vois pas à
qui pourra profiter la loi, telle qu'elle a été comprise et mise
en pratique.

Quant à croire qu'on arrivera à une constatation plus facile
de l'identité des indigènes, c'est un leurre; car ceux qui
auront intérêt à dissimuler la leur, s'arrangeront bien pour ne
pas présenter leur vraie carte. — ne dissimule-t-on pas son

identité dans les pays les plus civilisés? — Ce sera donc ceux qui auront perdu ou échangé, de bonne foi, leurs cartes qui seront frappés par les pénalités édictées.

Le règlement d'administration du 13 mars 1883 et les volumineuses instructions émanées des bureaux d'Alger, démontrent bien l'étroitesse de vues de ceux qui ont présidé à ces mesures et le but constant qu'ils ont poursuivi : arriver à pouvoir établir des répertoires alphabétiques comme les nôtres — ce qui était matériellement impossible — sans s'apercevoir qu'au lieu de leur servir, cette simplification rendrait, avant peu, toute recherche incertaine et même impossible.

C'est pourquoi, j'ai toujours combattu[1] les instructions prescrivant de fractionner, de disloquer les familles, en donnant des noms différents, même aux cousins germains. On devait tendre, au contraire, à ne pas multiplier les noms; il fallait relier les liens unissant les familles au lieu de les rompre. On saisit facilement l'avantage de cette manière de procéder, pour tout ce qui se rapporte aux filiations, aux héritages, à l'origine d'un individu. Et puis, quelle simplification dans le travail; sans parler de l'avantage de ne pas chercher de nouveaux noms pour ceux qui en ont déjà.

Voici quelques exemples des anomalies résultant de l'application de cette loi : ce ne sont pas des allégations, mais des faits. Les *Ben Touhami* d'El Milia forment une puissante famille. Or, ce nom n'a été conservé qu'à une branche et il se trouve qu'un homme qui l'a toujours porté est obligé de signer : *Kroaleuli Moustafa,* au lieu de Moustafa ben Touhami.

Je vois tous les jours des gens peu lettrés qui avaient appris à tracer leurs noms, mais ne peuvent signer celui qu'un caprice leur a imposé.

Autre exemple : un homme s'appelle Moustafa ben Cheikh El Eulmi, excellent nom, en quelque sorte historique, le cheikh El Eulmi ayant laissé un souvenir dans le pays; il s'appellera à l'avenir :

Makralli Mustapha

1. Dans la commission centrale de Constantine.

et cela parce qu'il y a quelque part des Oulad Makhlouf, nom sur lequel on a formé le vocable Makralfi, selon la formule donnée par les instructions.

Sa sœur s'appelle maintenant : Makhralfi Fatma, nom patronymique essentiellement masculin et qui jure d'une façon comique devant celui de cette femme.

Une nièce du même, s'appelant aussi Fatma, se trouvera désignée absolument comme la précédente, tandis qu'autrefois on l'appelait :

Fatma bent Ali ben Cheikh El Eulmi.

Ce qui avait l'avantage de donner le nom de son père : « Ali » et d'éviter toute confusion.

Mais, dans la pratique, croit-on qu'il soit facile de dire à quelqu'un : « Vous vous êtes appelé jusqu'à ce jour de telle « façon; à partir de demain, vous vous appellerez de telle « autre. » Cela rappelle certain décret de la Convention disposant que tout Français s'appelant « Leroy » devra à l'avenir s'appeler « Laloi ».

On comprend que le législateur se décide à imposer bien des contraintes aux gens, lorsqu'un intérêt général, certain doit être obtenu; mais ici, c'est tout le contraire. Je prétends, en effet, que les noms indigènes offrent un grand avantage, tels qu'on les employait dans les actes, par exemple, et c'est ce qui explique que les erreurs ou tromperies fondées sur des noms identiques ou incomplets ont été aussi rares.

Voici, par exemple, un nom de femme, « *Fatma bent Mohammed ben Ali ben Khaled El Aïdouni.* »

On y trouve le nom du père, de l'aïeul, et celui qui est devenu en quelque sorte patronymique (Ben Khaled) — exemple de prénom devenu patronymique, comme chez nous « Jacques » ou « Étienne [1] », et enfin l'indication de la tribu d'origine : O! Aïdoun.

Par application de la loi, voici comment cette femme sera désignée à l'avenir :

Kroualedi Fatma.

---

1. Il en existe d'autres beaucoup plus caractéristiques, répondant à « Fabre, Mercier, Serrurier, Bossu, Boucher, Leblanc, etc... »

Est-ce un progrès? et si d'autres femmes de la même famille sont appelées Fatma, comment les distinguera-t-on?

Il est vrai que la carte d'identité porte au verso l'ancien nom entier. C'est fort bien ; mais d'abord, cela est simplement écrit en arabe; de plus, les instructions défendent aux officiers ministériels de rappeler l'ancien nom, même entre parenthèses. Je connais un notaire qui le fait néanmoins, préférant s'exposer à une amende que de compromettre les intérêts de son client et d'être l'objet d'une attaque en garantie. Et puis est-on plus sûr de l'identité de celui qui nous présente une carte? Comment savoir, en outre, s'il est vrai, comme il le déclare quelquefois, qu'il n'en a pas reçu, pour une raison quelconque?

Il arrive, par suite de cette disposition, que des indigènes ayant emprunté sous leur ancien nom, peuvent, dès qu'ils ont leur carte, contracter un nouvel emprunt. Le conservateur délivrera un certificat d'inscription négatif sous le nouveau nom et le bénéficiaire de cette prise sous le précédent vocable, sera frustré. On dira qu'il appartient au prêteur de se faire renseigner et de faire inscrire son hypothèque sous le nouveau nom ; mais est-ce possible dans la pratique pour la plupart des cas? C'est absolument la même chose que pour la déchéance à l'égard des ayants droits sur les terres.

Ainsi la difficulté résultant précédemment de l'abondance des noms, se trouve considérablement aggravée sans aucune garantie. L'indigène pourra, plus facilement, à l'avenir, se présenter sous une identité différente, c'est maintenant que les erreurs deviendront plus fréquentes et plus graves; le conservateur des hypothèques, seul, pourra se frotter les mains ; son travail sera simplifié et sa responsabilité nulle, grâce à l'ingénieux « Kroualedi, Fatma » ou bien encore il délivrera trois ou quatre certificats sous de différents noms, et y aura tout bénéfice. Seulement, il pourra arriver une chose, c'est que les officiers ministériels refusent de recevoir les actes des indigènes. Qu'on prenne garde : car on est déjà sur le chemin ! Était-ce le but cherché?

Dans l'application, les difficultés se dressent de toutes parts. Il faudrait, en effet, pouvoir agir de tous côtés à la fois le même jour; faute de quoi, beaucoup de gens échappent. Puis, dans le cours des longues formalités, les uns meurent, les autres naissent, et, malgré les instructions, les modifications se font mal. Ainsi, lorsque le travail du commissaire est enfin terminé et approuvé, il est déjà inexact, et, comme les naissances et décès qui suivent ne sont pas déclarés régulièrement, comme le mouvement des départs et des retours dans le douar continue, il devient de jour en jour plus inexact.

En procédant douar par douar, c'est-à-dire par circonscriptions à limites factices, on est obligé de laisser de côté des familles se rattachant de fait à celles qu'on recense, et qu'on reprendra Dieu sait quand. La question des absents est une source de difficultés, de retards et d'erreurs sans nombre.

Celle des femmes, généralement étrangères au douar où l'on opère, n'est pas moins délicate; on les laisse de côté, avec raison, pour conserver le lien naturel qui les unit à leur famille; mais si, lorsqu'on opérera dans leur douar d'origine, il se trouve que leur famille a disparu ou s'est éteinte, elles seront oubliées.

On ne recense pas les étrangers établis dans la localité où l'on opère; les retrouvera-t-on lorsqu'on procédera chez eux? Je sais bien que, comme pour les femmes, on en dresse la liste; mais quand on reprendra cette liste après six, huit ou dix ans, pourra-t-on retrouver ces gens, et, si une difficulté se présente, comment la tranchera-t-on?

Inévitablement, les mêmes personnes recevront des noms en plusieurs endroits ou n'en recevront pas du tout; ces deux cas se sont déjà produits.

Il est donc certain, que, malgré toutes les précautions, cet immense et coûteux travail sera incomplet et que, loin d'être dans l'avenir un guide sûr, on ne pourra le consulter qu'avec la plus grande circonspection et sans y attacher une créance absolue.

Mais ce qui a le prix comme chinoiserie, c'est la question du *choix* ou de la « *collation du nom* » (articles 9 à 17 du décret). Jamais la folie bureaucratique ne s'est montrée à ce point dans sa richesse d'invention. Et tout cela était inutile, puisque les noms existent et qu'on pouvait se borner à les constater[1].

Enfin, il n'est pas jusqu'au vocabulaire qu'on a prétendu imposer pour l'ortographe qui ne soit déplorable. On aurait bien dû, à défaut des proscriptions de Sacy, qui, pour certaines lettres s'appliqueraient peut-être mal à l'Afrique, consulter le travail complet de la commission scientifique de l'Algérie à ce sujet.

Mais on a posé des règles inacceptables : la suppression de l'article dans les noms où il est indispensable et la suppression du Ben qui aurait pu être toujours conservé et aurait permis aux indigènes de se servir eux-mêmes des noms que nous leur donnons.

Depuis quelque temps, on revient au *Ben* et l'on admet qu'il précède le nom patronymique, mais alors il doit être joint à lui et l'on obtient ainsi des groupes de cette forme : « *Benelhadjelmecebbah* ».

On a aussi supprimé le titre « El Hadj » qui pouvait autrefois guider utilement ; de plus on a blessé sans motifs des traditions respectables.

Ce vocabulaire est beaucoup trop étendu et forcément incomplet ; aussi donne-t-il lieu à de graves erreurs lorsqu'il est employé par des officiers de l'état-civil ou des fonctionnaires qui ne sont pas suffisamment versés dans la connaissance de l'arabe. Il devrait contenir dix fois moins de noms, c'est-à-dire ceux seulement qui appartiennent à l'arabe ou sont d'un usage général. Pour les autres, il faudra bien laisser une certaine latitude à ceux qui les constatent.

Ainsi, à tous les points de vue, cette loi, ces prescriptions administratives conduisent à des anomalies et manquent leur but. Tout en nécessitant des dépenses considérables, en créant pour les indigènes des difficultés nouvelles les exposant à des punitions et leur causant des frais, en rendant les affaires difficiles et dangereuses pour les Européens, la loi de

---

[1] C'est ce qu'on s'est décidé à faire dans certaines localités et il est impossible de trouver une meilleure démonstration de l'inutilité de la loi.

1882 ne profite à personne, sauf peut-être à quelques fonctionnaires pour l'établissement de leurs répertoires. Cela n'est pas suffisant.

Que l'on consulte tous ceux qui voient de près ces inconvénients, notamment les notaires fort intéressés dans la question, parce qu'ils ne veulent pas qu'on rende les affaires absolument impossibles avec les indigènes et parce qu'ils sont responsables, tous répondront :

« *Déclarez nul et non avenu ce qui a été fait en vertu de* « *la loi du 23 mars 1882, ou tout au moins arrêtez-en l'exé-* « *cution, et revenons purement et simplement aux anciens* « *errements!* »

Ainsi le budget algérien sera dégrevé d'une charge inutile et colons et indigènes en profiteront.

TABLE

Le Puy. — Imprimerie Marchessou fils, boulevard Saint-Laurent, 23.

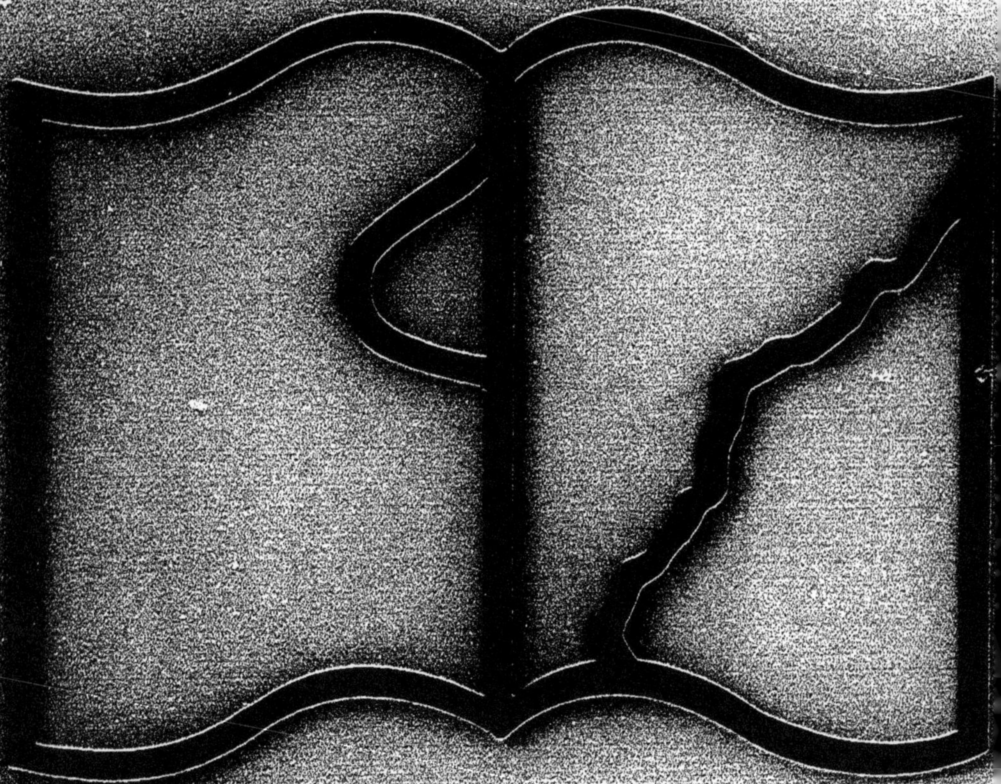